近代精神文化系列

社会主义思潮史话

A Brief History of
Socialist Thoughts in China

张　武　张艳国　喻承久 / 著

社会科学文献出版社
SOCIAL SCIENCES ACADEMIC PRESS (CHINA)

图书在版编目（CIP）数据

社会主义思潮史话/张武，张艳国，喻承久著．—北
京：社会科学文献出版社，2012.3
（中国史话）
ISBN 978 - 7 - 5097 - 3057 - 7

Ⅰ.①社…　Ⅱ.①张…②张…③喻…　Ⅲ.①社会
主义 - 政治思想史 - 中国 - 近代　Ⅳ.①D092.5

中国版本图书馆 CIP 数据核字（2011）第 276149 号

"十二五"国家重点出版规划项目

中国史话·近代精神文化系列

社会主义思潮史话

著　　者／张　武　张艳国　喻承久

出 版 人／谢寿光
出 版 者／社会科学文献出版社
地　　址／北京市西城区北三环中路甲 29 号院 3 号楼华龙大厦
邮政编码／100029

责任部门／人文分社　（010）59367215
电子信箱／renwen@ssap.cn
责任编辑／宋淑洁　韩莹莹
责任校对／黄　丹
责任印制／岳　阳
总 经 销／社会科学文献出版社发行部
　　　　　（010）59367081　59367089
读者服务／读者服务中心（010）59367028

印　　装／北京画中画印刷有限公司
开　　本／889mm×1194mm　1/32　印张／6
版　　次／2012 年 3 月第 1 版　　字数／117 千字
印　　次／2012 年 3 月第 1 次印刷
书　　号／ISBN 978 - 7 - 5097 - 3057 - 7
定　　价／15.00 元

总　序

　　中国是一个有着悠久文化历史的古老国度，从传说中的三皇五帝到中华人民共和国的建立，生活在这片土地上的人们从来都没有停止过探寻、创造的脚步。长沙马王堆出土的轻若烟雾、薄如蝉翼的素纱衣向世人昭示着古人在丝绸纺织、制作方面所达到的高度；敦煌莫高窟近五百个洞窟中的两千多尊彩塑雕像和大量的彩绘壁画又向世人显示了古人在雕塑和绘画方面所取得的成绩；还有青铜器、唐三彩、园林建筑、宫殿建筑，以及书法、诗歌、茶道、中医等物质与非物质文化遗产，它们无不向世人展示了中华五千年文化的灿烂与辉煌，展示了中国这一古老国度的魅力与绚烂。这是一份宝贵的遗产，值得我们每一位炎黄子孙珍视。

　　历史不会永远眷顾任何一个民族或一个国家，当世界进入近代之时，曾经一千多年雄踞世界发展高峰的古老中国，从巅峰跌落。1840 年鸦片战争的炮声打破了清帝国"天朝上国"的迷梦，从此中国沦为被列强宰割的羔羊。一个个不平等条约的签订，不仅使中国大量的白银外流，更使中国的领土一步步被列强侵占，国库亏空，民不聊生。东方古国曾经拥有的辉煌，也随着西方列强坚船利炮的轰击而烟消云散，中国一步步堕入了半殖民地的深渊。不甘屈服的中国人民也由此开始了救国救民、富国图强的抗争之路。从洋务运动到维新变法，从太平天国到辛亥革命，从五四运动到中国共产党领导的新民主主义革命，中国人民屡败屡战，终于认识到了"只有社会主义才能救中国，只有社会主义才能发展中国"这一道理。中国共产党领导中国人民推倒三座大山，建立了新中国，从此饱受屈辱与蹂躏的中国人民站起来了。古老的中国焕发出新的生机与活力，摆脱了任人宰割与欺侮的历史，屹立于世界民族之林。每一位中华儿女应当了解中华民族数千年的文明史，也应当牢记鸦片战争以来一百多年民族屈辱的历史。

当我们步入全球化大潮的 21 世纪，信息技术革命迅猛发展，地区之间的交流壁垒被互联网之类的新兴交流工具所打破，世界的多元性展示在世人面前。世界上任何一个区域都不可避免地存在着两种以上文化的交汇与碰撞，但不可否认的是，近些年来，随着市场经济的大潮，西方文化扑面而来，有些人唯西方为时尚，把民族的传统丢在一边。大批年轻人甚至比西方人还热衷于圣诞节、情人节与洋快餐，对我国各民族的重大节日以及中国历史的基本知识却茫然无知，这是中华民族实现复兴大业中的重大忧患。

中国之所以为中国，中华民族之所以历数千年而不分离，根基就在于五千年来一脉相传的中华文明。如果丢弃了千百年来一脉相承的文化，任凭外来文化随意浸染，很难设想13亿中国人到哪里去寻找民族向心力和凝聚力。在推进社会主义现代化、实现民族复兴的伟大事业中，大力弘扬优秀的中华民族文化和民族精神，弘扬中华文化的爱国主义传统和民族自尊意识，在建设中国特色社会主义的进程中，构建具有中国特色的文化价值体系，光大中华民族的优秀传统文化是一件任重而道远的事业。

当前，我国进入了经济体制深刻变革、社会结构深刻变动、利益格局深刻调整、思想观念深刻变化的新的历史时期。面对新的历史任务和来自各方的新挑战，全党和全国人民都需要学习和把握社会主义核心价值体系，进一步形成全社会共同的理想信念和道德规范，打牢全党全国各族人民团结奋斗的思想道德基础，形成全民族奋发向上的精神力量，这是我们建设社会主义和谐社会的思想保证。中国社会科学院作为国家社会科学研究的机构，有责任为此作出贡献。我们在编写出版《中华文明史话》与《百年中国史话》的基础上，组织院内外各研究领域的专家，融合近年来的最新研究，编辑出版大型历史知识系列丛书——《中国史话》，其目的就在于为广大人民群众尤其是青少年提供一套较为完整、准确地介绍中国历史和传统文化的普及类系列丛书，从而使生活在信息时代的人们尤其是青少年能够了解自己祖先的历史，在东西南北文化的交流中由知己到知彼，善于取人之长补己之短，在中国与世界各国愈来愈深的文化交融中，保持自己的本色与特色，将中华民族自强不息、厚德载物的精神永远发扬下去。

《中国史话》系列丛书首批计 200 种，每种 10 万字左右，主要从政治、经济、文化、军事、哲学、艺术、科技、饮食、服饰、交通、建筑等各个方面介绍了从古至今数千年来中华文明发展和变迁的历史。这些历史不仅展现了中华五千年文化的辉煌，展现了先民的智慧与创造精神，而且展现了中国人民的不屈与抗争精神。我们衷心地希望这套普及历史知识的丛书对广大人民群众进一步了解中华民族的优秀文化传统，增强民族自尊心和自豪感发挥应有的作用，鼓舞广大人民群众特别是新一代的劳动者和建设者在建设中国特色社会主义的道路上不断阔步前进，为我们祖国美好的未来贡献更大的力量。

陈奎元

2011 年 4 月

⊙张 武

作者小传

　　张武，1947年1月出生于江苏省扬州市宝应县。研究员，武汉大学政治与公共管理学院科学社会主义专业博士生导师，湖北省哲学学会会长，科学社会主义学会副会长，孔子学术研究会常务副会长。历任湖北省社科院科研处处长、副巡视员、邓小平理论研究中心主任、湖北省社会科学界联合会党组成员、副主席、巡视员等职。主要从事哲学、中国思想史、科学社会主义研究。在人民日报、光明日报、《哲学研究》等报刊发表论文200多篇，撰写和主编的著作十余部。主要著作有《哲学视野录》（上下卷）、《邓小平社会主义观》、《湖北历代思想家评传》、《论解放思想的伟大作用》、《论发展》、《论坚持科学发展观》等。

⊙张艳国

作者小传

　　张艳国,1964 年 2 月生,湖北省仙桃市人,中共党员,历史学博士,博士后,研究员、教授职称,湖北省有突出贡献中青年专家,江西省赣鄱英才"555 工程"首批入选者。2008 年 12 月起任江西师范大学副校长,现为华中师范大学中国近代史所博士生导师、江西师范大学马克思主义学院博士生导师,主要研究方向为中国近现代史、马克思主义中国化、思想文化与中国社会变迁。出版《张艳国自选集》、《破与立的文化激流——五四时期孔子及其学说的历史命运》、《史学理论:唯物史观的视域和尺度》等学术著作多部;在国家权威报刊、中文核心期刊、CSSCI 期刊发表论文百余篇。

⊙喻承久

作者小传

喻承久，1949 年生，空军雷达学院哲学教授，空军级专家。曾任湖北省哲学学会常务理事、湖北省科技伦理学会常务理事以及军内学术职务多项。著有《中国市场经济体制与道德同构》、《官德论》、《人生澄明之境》、《中西文化比较》、《中国军人民族精神》、《崇高与平凡的对话》、《中国历史文化》、《中西认识论视域融合之思》八部著作，发表百余篇文章。获国家级教学成果优秀奖、军队级教学成果一等奖、全军教书育人金奖各一次，获全军政治理论成果一等奖 1 次、二等奖 4 次，获湖北省社会科学优秀成果二、三等奖各一次。

目　录

社会主义思潮史话

2

引　言

　　社会主义思潮的萌发、形成和发展，是一个历史过程。自从有了阶级、国家，有了剥削和不平等，就有了空想的社会主义。在古代，有中世纪的空想社会主义；在近代，有资产阶级、小资产阶级的空想社会主义；即使在社会主义初级阶段，也很难避免空想的社会主义。1875 年 10 月 15 日，恩格斯在致奥·倍倍尔的信中勾勒了社会主义思潮的历史轨迹，他说："在马克思以前只有封建的、资产阶级的、小资产阶级的或空想的社会主义或者由这种种成分混合而成的社会主义。"

　　中世纪的空想社会主义，是农业社会主义思潮。在东方，农业社会主义思潮的代表，是《礼记》所设计的大同太平社会。其实践者有东汉末年张道陵的五斗米道和义舍、有清末洪秀全领导的太平天国。其集大成之作，是康有为在 20 世纪初写成的《大同书》。在西方，空想社会主义思潮的始祖是英国的托马斯·

莫尔（1477～1535）和意大利的康帕内拉（1568～1639）。1516 年，莫尔写成《关于最完美的国家制度和乌托邦新岛的既有益又有趣的全书》（简称《乌托邦》）。全书分为两部：第一部，对当时的英国和西欧其他国家的社会经济制度、政治制度展开了批判；第二部，描述了他所虚构的乌托邦的社会制度，包括建立公有制，官员由民主选举产生，家庭是基本的经济单位，人人从事劳动，实行每天 6 小时工作制，国家通过城市制订计划，组织生产，实行按劳分配、男女平等的政策。原书为拉丁文，后译成许多种欧洲文字，成为欧洲第一部空想社会主义杰作。乌托邦一词，因此流行开来。乌托邦，是拉丁文的音译，意即"没有的地方"，是"空想"的同义词。1601 年，意大利思想家康帕内拉写成空想社会主义的代表作《太阳城》。该书最初作成于那不勒斯监狱，1623 年得以出版。它设想在太阳城里，没有私有财产，人人劳动，生活日用品实行按需分配，每人每天工作 4 小时，其余时间用于读书和娱乐。这些主张是意大利下层人民愿望的反映。

中世纪的空想社会主义，是近代资本主义空想社会主义的思想养料和历史启示；而近代的空想社会主义，又成为科学社会主义创立的历史前提和思想来源之一。

随着资本主义的发展，社会基本矛盾与主要矛盾日益暴露与突出。资本主义在产生和发展中造成的罪恶，首先遭到了近代空想社会主义者的反对与批判。

以法国的圣西门（1760～1825）、傅立叶（1772～1837）和英国的欧文（1771～1858）为代表的空想社会主义者，对资本主义制度进行了无情揭露和深刻抨击，指出资本主义是"富人的天堂，穷人的地狱"，是"一个黑白颠倒的世界"，而私有制则是"产生无数罪行和灾祸的原因"。近代空想社会主义者企图实现一个没有阶级对立的社会，提出了人人必须参加劳动、消灭城市和乡村的主张。空想社会主义者反对资本主义制度，是积极的，坚决的，但是，他们没有找对药方。他们把私有制和资本主义制度的存在，看成是人类理性迷失的结果，而主观地编造了一些社会改革的方案。他们反对暴力革命，幻想通过和平的途径达到社会改革的目的。欧文就曾跑到美国进行共产主义新村建设的尝试，企图用宣传和"示范"的方法来"感化"剥削阶级，使他们自动放弃剥削，建立一个"和谐"的社会。空想社会主义者轻视无产阶级，脱离人民大众，认为无产阶级没有力量自己解放自己，而把希望寄托在统治阶级和富人的"善心"上。由于他们离开了阶级斗争来谈论社会主义，只能提供一些资产阶级社会主义的改良方案，因而他们关于社会主义的设想，也只能是空想的。

马克思主义创始人一方面肯定了空想社会主义的历史积极性，如对资本主义社会的大胆批判，提供了启发工人斗争觉悟的极为宝贵的思想材料，对于未来社会的设计，有许多合理因素，等等；另一方面，对近代空想社会主义的根本缺陷，进行了深刻揭露。恩格斯指出，"所有这些社会主义者，每一个人都说自己有一种特定的万应灵药，而每一个人又都完全站在真正的工人运动之外，他们把任何形式的真正的运动，从而把同盟和罢工，都看成一种歧途，它引导群众离开唯一可以得救的真正信仰的道路"。马克思主义创始人批判地吸取了空想社会主义学说中有价值的东西，通过对资本主义的经济关系和阶级矛盾的深刻分析，揭示了社会主义必然代替资本主义的客观规律。从科学的理论原则出发，研究资本主义与未来社会的发展，才有可能告别空想社会主义，创立科学社会主义理论体系。

马克思主义创始人把他们发现的辩证唯物主义运用于社会历史领域，创立了历史唯物主义。唯物史观阐述了社会主体与客体的关系，阐明了社会存在与社会意识的关系，指出了人民群众的历史作用，指出了阶级斗争是社会历史发展的动力，从而剔除了空想社会主义者的理论基石——唯心史观，使社会历史的研究变成科学，从而正确地认识历史，设计未来社会。

马克思主义创始人分析了资本主义社会中商品生产，揭示了隐藏在商品背后的人与人的关系，即社会关系，发现了剩余价值学说。剩余价值学说科学地揭示了以下真理：在资本主义条件下，工人所得的工资只不过是他们所创造的价值的一小部分，其余部分被资本家无偿地占有。它揭穿了资本主义剥削工人阶级的秘密，找出了无产阶级受剥削的经济根源。它弥补了空想社会主义者的理论缺陷，为科学社会主义学说的创立，奠定了经济理论的基石。

通过唯物史观和剩余价值学说，马克思主义创始人揭示了人类社会的发展规律，揭示了资本主义社会发生、发展和必然灭亡的规律；阐明了无产阶级是资本主义社会的掘墓人的历史地位与伟大使命；指出只有通过无产阶级革命，建立无产阶级专政，才能推翻资本主义制度，实现社会主义。1848年2月，《共产党宣言》在英国伦敦发表。《共产党宣言》总结了国际工人运动的丰富经验，完整地阐述了马克思主义的基本原理，向全世界宣告了无产阶级的奋斗目标。《共产党宣言》的发表，标志着科学社会主义思想体系的创立。

科学社会主义的创立，是社会主义思潮史上的伟大变革，它帮助广大工人阶级及其他人民群众打破空想社会主义的理论束缚，沿着科学社会主义所指引的道路前进。

科学社会主义创立后，马克思和恩格斯一边指导欧美无产阶级的工人运动和革命斗争，一边同机会主义、修正主义、工团无政府主义、社会改良主义等反动思潮进行了坚决的斗争，捍卫了科学社会主义的严肃性和科学性。马克思和恩格斯辞世后，列宁继承和发展了马克思主义，在俄国领导共产主义运动，把科学社会主义推向了新的高度。

19世纪80年代，科学社会主义传入俄国。与此同时，俄国的工人运动迅速发展。当时，摆在革命者面前的基本任务是，把马克思主义同俄国工人运动结合起来，把零散的马克思主义小组联合成一个统一的工人阶级的革命政党，领导无产阶级以及劳动人民推翻沙皇反动统治，为社会主义而斗争。伟大的革命导师列宁应运而生，担负了这一历史重任。

列宁在思想领域同俄国民粹主义展开激烈斗争，对民粹主义思潮给予系统的批判，指出俄国无产阶级必然在革命运动中发展壮大，最终成为资本主义的掘墓人。列宁对民粹主义的主观唯心主义的世界观和改良主义的深刻批判，扫除了传播科学社会主义和建立无产阶级政党的障碍。列宁还在无产阶级革命的组织领域同机会主义展开了不妥协的斗争。列宁在论述建立无产阶级政党的重要性时，指出，"无产阶级的自发斗争如果没有坚强的革命家组织的领导，便不能成为无产阶级的真正'阶级斗争'"。列宁在同经济派的斗争中，极大地发展了马克思主义的革命理论和建党学说，为建立新型的无产阶级政党奠定了思想基础。

1903年7~8月，俄国社会民主工党在国外秘密召开了第二次代表大会。会议期间，列宁同机会主义进行了坚决的斗争，取得了胜利。它正式宣告了俄国布尔什维克党的建立，标志伟大的列宁主义——布尔什维主义的胜利诞生。列宁指出："布尔什维主义作为一种政治思潮，作为一个政党而存在，是从1903年开始的"，"布尔什维主义是 1903 年在最坚固的马克思主义理论基础上产生的"。

列宁在新的历史条件下，依据马克思主义的基本原理，对帝国主义进行了科学的分析，指出了帝国主义时代无产阶级革命和无产阶级专政的理论和策略，并在同第一、第二国际修正主义的斗争中捍卫和发展了科学社会主义。斯大林说："列宁主义是帝国主义和无产阶级革命时代的马克思主义。"列宁主义的诞生，在国际共产主义运动史上具有划时代的意义。

列宁主义发展了马克思主义，把马克思主义创立的科学社会主义理论变成现实，展示了由资本主义通向社会主义的具体道路，在世界上第一大国建立了第一个伟大的社会主义国家。

列宁根据马克思主义对资本主义的剖析，创立了帝国主义理论。他指出，19 世纪末 20 世纪初，资本主义发展到它的最高阶段，即帝国主义阶段。帝国主义是垄断资本主义，是腐朽的、垂死的资本主义。在帝国主义阶段，它使自身固有的各种矛盾更加尖锐，因而帝国主义是无产阶级社会革命的前夜。

列宁根据马克思主义对资本主义社会的科学研究，发现了帝国主义政治和经济发展不平衡的规律。他指出，在帝国主义条件下，资本主义经济和政治发展的不平衡性更加突出，它使帝国主义国家为了重新瓜分世界的战争不可避免。这种战争，使帝国主义互相削弱，无产阶级有可能在帝国主义链条的薄弱环节推翻本国的反动统治。列宁从社会客观实际出发，没有拘泥于马克思主义创始人在自由资本主义时代关于社会主义革命不可能在一国首先胜利，各国工人阶级的共同努力是社会主义革命胜利的首要条件的论断，得出结论："社会主义不能在所有国家内同时获得胜利，它将首先在一个或几个国家中获得胜利。"他判断，20 世纪初期的俄国，就是帝国主义链条中的薄弱环节。在这里，革命的各种条件已经具备，革命的时机也已经成熟。

俄国十月革命的胜利，是科学社会主义的胜利，是列宁主义的胜利。十月革命，使科学社会主义由理论形态变成了现实状况。列宁主义，是马克思主义的飞跃发展；十月革命的道路，是世界被压迫阶级通向解放的道路。毛泽东指出："社会主义的十月革命，改变了整个世界历史的方向，划分了整个世界历史的时代。"

四

十月革命一声炮响，给中国人民传来了马克思主义。俄国十月革命，教育了探求真理的中国人。要推翻三座大山，要革命，必须走俄国革命的道路。中国工人运动的兴起，马克思主义在中国的广泛传播，揭开了历史的新篇章。1921 年 7 月，在中国成立了无产阶级的先锋队——中国共产党。从此，科学社会主义在中国的传播和实践，就成为中国现代史的中心内容。

在中国新民主主义革命中产生的毛泽东思想，是马克思列宁主义同中国革命具体实践相结合的产物，是依据马列主义对中国革命实践经验的理论概括，是适合中国国情的科学的指导思想。毛泽东思想，坚持和发展了马克思列宁主义，为科学社会主义理论体系谱写了新内容。这就是：回答了在半殖民地半封建社会的东方大国，如何开展社会主义革命、如何取得社会主义革命胜利的问题。

中国共产党的优秀代表毛泽东，从中国革命的历史状况和社会状况出发，深刻研究了中国革命的特点和中国革命的规律，发展了马克思列宁主义关于无产阶级在民主革命中的领导权思想，创立了由无产阶级领导的，以工农联盟为基础的，人民大众的，反对帝国主义、封建主义和官僚资本主义的新民主主义革命的理论，开创了建立农村革命根据地，以农村包围城市，最后夺取全国胜利的革命道路。毛泽东思想是中国化的马克思主义和列宁主义。毛泽东思想关于革命军队的建设和军事战略、关于政策和策略、关于思想政治工作和文化工作、关于党的建设、关于社会主义建设的探索，极大地丰富了科学社会主义理论宝库。没有毛泽东思想，就不会有波澜壮阔的中国共产主义运动，就不会有中国社会主义革命的胜利。

邓小平建设有中国特色的社会主义理论，科学地回答了什么是社会主义以及如何巩固和建设社会主义的问题。邓小平理论，是在和平与发展成为时代主题的历史条件下，在中国改革开放和社会主义现代化建设的实践过程中，在总结中国社会主义胜利和挫折的历史经验，并借鉴其他国家社会主义兴衰成败历史经验的基础上，逐步形成和发展起来的。它是马克思主义、列宁主义基本原理与当代中国实际和时代特征相结合的产物，是毛泽东思想的继承和发展。

邓小平理论，洋溢着浓郁的时代内容和中国特色，为科学社会主义理论关于如何建设社会主义，提供了极其重要的思想。譬如：在社会主义的发展道路问题上，强调走自己的路，以马克思主义为指导，建设有中国特色的社会主义；在社会主义的发展阶段问题上，指出我国还处在社会主义初级阶段，制定一切大政方针，都必然以此为依据，而不能超越社会的发展阶段；在社会主义的根本问题上，指出社会主义的本质是解放生产力，发展生产力，消灭剥削，消灭两极分化，最终达到共同富裕，由此找到社会主义阶段的社会主要矛盾、检验工作是非得失的标准；在社会主义的发展动力问题上，强调改革也是一场革命，也是解放生产力，是中国现代化的必由之路，僵化、停滞是没有出路的，由此确立了经济体制改革的目标、政治体制改革的目标、社会主义精神文明建设的目标；在社会主义建设的外部条件问题上，指出和平与发展是当代世界的两大主题，必须坚持独立自主的和平外交政策，为我国现代化建设争取有利的国际环境，从而确立了对外开放与学习世界各国一切先进文明成果来发展社会主义的国策；在社会主义建设的政治保证问题上，强调四项基本原则是立国之本，是改革开放和现代化建设健康发展的保证，又从中获取新的时代内容；在社会主义建设的战略步骤问题上，提出基本实现现代化分三步走的方针；在社会主义的领导力量和依靠力量问题上，强调改善和加强党的领导，必须依靠广大工人、农民、知识分子，必须依靠各族人民的团结，必须依靠全体社会主义劳动者、拥护社会主义的爱国者和拥护祖国统一的爱国者的最广泛的统一战线；等等。中国社会主义现代化建设方兴未艾，邓小平理论也将在研究新情况、解决新问题的过程中，在实践检验中继续得到丰富、完善和发展。

中国的改革开放和现代化建设，是迄今国际共产主义运动中最为深刻、最有生机活力的社会主义实践；邓小平理论以及此后相继产生的"三个代表"重要思想和科学发展观，是当代社会主义思潮史上最新的理论成果，它开辟了科学社会主义理论的新领域，它也为社会主义思潮的研究者翻开了新的答卷。

通过历史地分析，可以发现，社会主义思潮伴随着人类文明的进步而产生，在各个社会历史阶段，形形色色的社会主义思想、学说、主张在思想史上留下了深重足印。科学社会主义理论，是社会主义思潮史上的伟大革命，它为人类文明贡献了极其宝贵的智慧。社会主义由空想变为科学，由科学变为现实，经历了一个艰辛的历史过程，同时，也展现了历史发展的必然。国际共产主义运动经历一个半世纪的发展，迄今不衰；而社会主义思潮史迄今也呈汹涌澎湃的发展态势，这是合乎历史规律的发展。可以说，只要阶级和国家存在下去，社会主义思潮史就将延绵不辍，从而为人类智慧的发展留下广阔的空间。

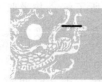

一 中国近代社会的空想社会主义

空想社会主义在近代中国的产生和发展，大致分为三个阶段：首先是发轫阶段，以太平天国《天朝田亩制度》为标志，表达了农民的社会主义观。在这个阶段上，近代意义的社会主义理念还是一种朦胧状态，它包含在农民阶级的传统理想之中。但是，它高举起"公有制"和"平等"的大旗，冲决殖民主义和封建主义的罗网，在近代中国条件下，开了以武装斗争为途径，实现理想社会的先河。

其次是勃兴阶段，以戊戌变法领袖康有为的《大同书》为标志，表达了"温和的资产阶级民主派"的社会主义观。这种社会主义观面向世界、面向大工业、面向未来，同时发掘中国悠久的社会理想作为理想价值，在一定程度上批判吸取了西方发展的历史经验，构建了更为先进的社会模式，虽然空想成分太多，浪漫气息太浓，但它却表明了处于水深火热之中的中华民族，依然是一个充满理想的先进民族，表现了中国人民崇尚"太平"、"大同"的博大胸怀。

最后是最高阶段，以孙中山民生主义为标志，表达了激进的资产阶级民主派的社会主义观。这种社会主义观，不仅对世界资本主义有较深入的了解，也对欧洲空想社会主义和科学社会主义有所了解，并吸收了不少科学成分。它对共产主义思想有较为积极的认同，并在实践中同共产党人友好合作。因而这种社会主义观在内容上与中国共产党人在新民主主义时期的最低纲领，有较多的共同性。

在近代中国，由于社会制度的极度腐败和经济技术的极端落后，遭到帝国主义列强的残酷奴役，经济上动摇以致摧毁了自给自足的封建经济的统治地位，国民经济的命脉日益操纵在外国资本手中；政治上逐步丧失独立自主性，形成了对外国列强的屈辱依赖。又由于国内封建势力日益与外国资本主义侵略势力相勾结，其结果是，中国近代形成了威胁中华民族生存和发展的两大敌对力量——帝国主义和封建主义。因此，反帝反封建成了近代中国人民的双重任务。

中国近代社会的空想社会主义是中国人民反帝反封建革命斗争的产物。它有两个鲜明的特征：其一是反帝反封建。太平天国的"农业社会主义"以封建地主土地所有制为革命对象，力图实现人人劳动，平均分配生产、生活资料的公有制社会。康有为的"大同"社会主义则主张根除一切私有制，实现世界大同。孙中山的"民生"社会主义，在土地问题上遏制地主对土地的兼并，实行土地国有——平均地权和耕者有其田；在资本问题上防止和遏制私人资本恶性膨胀，实行"节制资本"和"国家社会主义"。其二是向西方学习，寻找救国的真理。太平天国初期农民虽然没有表现出向西方学习的热忱，但他们却借助于基督教义来反对封建地主土地所有制和地主阶级的意识形态。洪仁玕的《资政新篇》则表明当时先进的农民知识分子效法西方的主张，它虽在太平天国后期颁布，但也表明了农民学习西方的一种意向。康有为则从日本学习西方进行改革的成败中增强了信念，主张变法图强。失败后，又遍访欧美，以西方为背景，深化大同理想。孙中山则不仅更加广泛深入地研究欧美的经验，而且还注重对这些国家进行比较研究，注重研究西方资产阶级经济、政治学说和社会主义思潮。

马克思恩格斯在分析西方"三大空想社会主义"学说时指出其局限性在于：一是没有科学的理论做指导，二是没有找到正确的革命途径，三是没有找到革命的主体。这三个缺陷同样为中国近代空想社会主义所具有。从理论指导上看，太平天国以拜上帝教来指导农民革命，使革命最终因循虚妄与迷信而导致失败。"大同"社会主义则以抽象人性论为基础，牵强地引进自然进化论，始终认识不到社会发展的必然性。孙中山的民生史观撇开了特定的物质生产活动和现实的阶级关系，不可能阐明社会的本质及其发展规律。从革命途径看，虽然大多重视武装斗争，但由于理论指导上的非科学性，使斗争缺乏明晰而先进的目标、透彻而高远的战略、严密的组织和灵活的策略。从革命主体看，洪秀全沿袭历代农民领袖的传统，只是把农民当做改朝换代的工具，而不把他们视为革命主体，更不可能看到工人阶级的力量作用。康有为则迷信上层人物，对人民群众缺乏起码的信任。孙中山虽然强调"唤起民众"，但他基本上坚持"英雄史观"，他的"权力区分论"认为人民缺乏才智，不能直接管理国家事务，必须把国家大事托付给有本领的人。这样，他依然找不到革命的领导阶级和同盟军。由于这些弊病，中国近代空想社会主义，虽然以反帝反封建为其特点，却又不彻底，具有这样那样的妥协性；虽然注重向西方学习，却找不到社会变革真理，酿成"学生学先生，先生打学生"的社会悲剧。

虽然如此，中国近代社会的空想社会主义依然具有重要的历史地位。它是近代中国人民反对民族压迫和奴役，反对封建统治，寻找中国社会生存和发展道路的结晶，在一定程度上反映了中国历史发展的客观必然性，表达了中国人民的意志和要求，体现了这一时期中国社会发展的一些带规律性的认识，总结了一些有价值的经验。作为中国的科学社会主义的先驱，它给后者提供了丰富的思想资料。中国近代社会的空想社会主义是中国社会主义思想史的重要组成部分，重视并积极研究它，具有重要的理论意义和现实意义。

太平天国的农业社会主义

太平天国所憧憬的是一种铲除私有制，消灭剥削和压迫，消除贫富不均的社会，在这个社会里，劳动者平等占有生产、生活资料，无处不均匀，无人不饱暖，淋漓尽致地表达了农民的平等观，因而在一个东方农业大国有相当大的群众基础，曾唤起千万农民的革命热忱。但是，与历史发展的客观要求相对照，它又是极不合乎潮流的，这主要是其社会模式没有反映出中国由自然经济向商品经济过渡的历史必然性，仍然以强化和完善以自然经济为目的。因而注定是行不通的。

太平天国农业社会主义的基本内容

第一，关于经济制度。《天朝田亩制度》抓住了农民渴望得到土地这一根本点，彻底废除封建地主土地所有制，代之以"天父上主皇上帝一大家，天下人人不受私，物物归上主"。这里的天下人人不包括清朝统治者及其社会基础地主阶级。他们被认为是妖，在诛杀之列。然后施行"凡天下田天下人同耕"，以平均的方

图1　洪秀全铜像

洪秀全（1814.1.1～1864.6.1），广东花县人，太平天国革命领袖。

式配置土地资源。首先，将土地以亩产量为标准分为九等，以最劣等地为计算单位，优等地换算成倍加的劣等地。其次，人不分性别，只分成年、未成年。成年（16岁以上）"受田多逾十五岁以下一半"，分时杂以九等，优劣搭配。最后，实行统一的计划调节。"此处不足，则迁彼处，彼处不足，则迁此处"，"此处荒则移彼丰处，以赈此荒处；彼处荒则移此丰处，以赈彼荒处"。最终要达到"有田同耕，有饭同食，有衣同穿，有钱同使，无处不均匀，无人不饱暖"的理想状态。在生产经营上，实行以粮为主，兼营副业的方针。生产经营单位是农户，其组织者是农村基层政权组织——"两"（一两辖25户）。在消费品的分配上，实行统收统配。

图2　1853年太平天国政权颁布了《天朝田亩制度》

第二，关于政治制度。兵农合一、政教合一的乡官制度。这是太平军编制体制在地方基层政权上的推广。"两"是基层组织，对所辖 25 户实施全方位领导，两司马平时组织生产生活，战时带领伍卒打仗。他还需尽责推荐民间合乎做官的人选。他不能解决的问题，须报上一级组织，仍不能解决者，逐级上报，直至天王。乡官通常由当地群众推举，每年一举，也可由上级官员委派。第三年对乡官考核一次，分别由上一级官员组织实施，根据考核状况决定升贬。考评和举荐既可由上而下，亦可由下而上，"以剔尚（上）下相蒙之弊"。

第三，关于意识形态教育与管理。洪秀全宣布孔子学说为妖书，严令禁止。在各村设教堂，教师称育才官，以政治性教育为主。《天朝田亩制度》规定"其二十五家童子俱日至礼拜堂，两司马教读《旧遗诏圣书》，《新遗诏圣书》及《真命诏旨书》"。成年人也必须按规定在礼拜堂接受教育。

值得一提的是，《天朝田亩制度》在解放妇女方面功不可没。首先，均分田地男女同权。其次，消费品的配给亦不分男女。经济上的平等乃男女平等的实质性内容。再次，男女在社会生活各方面有同样的权利和义务。例如女人也有受教育的权利、升保奏贬或被升保奏贬的权利与义务、参加科考取士。因为这条政策，太平军中就出现了不少女军官。再次，禁止买卖婚姻，"凡天下婚姻不论财"。最后，禁止缠足、买卖奴婢等。"在任何社会中，妇女解放的程度是衡量普遍解放的天然尺度"①。就此而言,太平天国革命为中国人民带来的普遍解放的力度和产生的积极影响,是此前任何一次中国革命运动所难以比肩的。

太平天国农业社会主义理论的合理性及其局限性

马克思恩格斯在评价太平天国运动时指出:"这次变革必将给这个国家的文明带来极其重要的结果。"从空想社会主义在中国发展的情况来看,太平天国农业社会主义有其鲜明的革命性。它的理论内容有其合理性,但又有其不可避免的局限性。

第一,以消灭私有制,实行财产公有和平均分配为特征的社会模式,既蕴含着最革命的思想,又不符合历史发展的大趋势。

无论是在西欧还是在中国,空想社会主义都起源于农民的平等思想。在《天朝田亩制度》里,是"天下人人不受私,物物归上主,则主有所运用,天下大家处处平均,人人饱暖矣"。而在莫尔的《乌托邦》里,是"大家把生产出来的东西交归公共仓库,并从仓库无代价地领取家庭所需的一切"。但是,在物质基础薄弱的条件下,实行平均分配,绝对达到共同富裕,只能是共同受穷。所以,在《天朝田亩制度》里,是"一家只有五母鸡,二母彘","每人所食可接新谷",无有余粮,无非是整齐划一的清贫;而在欧洲早期空

---

① 恩格斯肯定傅立叶的话,见《马克思恩格斯选集》第3卷,人民出版社,1972,第411~412页。

想社会主义那里，则是一种"苦修苦炼的、禁绝一切生活享受的、斯巴达式的共产主义"。

太平天国农业社会主义模式及其实现途径与欧洲早期空想社会主义上述的相似性，揭示了这样一个本质：近代农民阶级的平等思想从而也是前此人类平等思想的结晶，是空想社会主义发育的真正胚胎。社会的发展总是在效率与公平这一基本矛盾中曲折进行的。效率的提高，确保人与自然物质交换，使人与社会得以生存。公平的实现，确保人与人之间能量交换，使人生有序、社会有常。但效率与公平的统一则是具体的、历史的。准确地把握效率与公平的统一，只有相当成熟的无产阶级，才能在原则上做得到。从前的劳动者不懂得社会发展的规律，把公平的失落归咎于效率的进展。奴隶如此，农民如此，处在自在水平的工人阶级亦复如此，例如他们以捣毁机器来发泄对社会不公的不满。西方早期空想社会主义者，即使进入无产阶级圈层，也只是自在工人阶级，其社会理想本质上是农民水平的平等思想，无条件的公有、平均模式则是他们无法摆脱的改造社会的思路。西方尚且如此，落后的东方民族就更不用说了。列宁说："在反对旧专制制度的斗争中，特别是反对旧农奴主大土地占有制的斗争中，平等思想是最革命的思想。"这种平等思想包含着社会主义的绝对真理。社会主义由空想发展成科学之后，平等思想并没有消失，被否定的只是它的绝对平均形态。而平等作为人类精神之精华、文明之硬核，深藏于科学社会主义的本质之中。解放生产力，发展生产力，消灭剥削，消除两极分化，最终实现共同富裕。其中消灭剥削，消除两极分化无疑是平等思想，但它建立在与效率同步发展的基础上，强调解放生产力、发展生产力的物质前提，这是一种共同富裕的平等。

第二，太平天国农业社会主义并不打算步入商品经济发展阶段，试图建立在自然经济基础上的计划经济，这是没有前途的。

《天朝田亩制度》最主要的问题，是它作为自然的产物，同商品经济的发展方向和要求是格格不入的。所谓"天国"，无非是在永保自然经济的条件下，人人致力于农事，产品统一均分，丰荒相通，有无相济，普天下同吃大锅饭。换句话说，农民只想铲除自然经济条件下人对人的剥削关系，而并不想告别自然经济，步入商品经济阶段。

《天朝田亩制度》只承认一个调节中心——政府。秋收后除留足必需的口粮外，余则尽数上交，人们的特殊需要通过圣库按规定供给。各类小手工业者也由"两司马"组织生产，产品无条件上交，手工业者的衣食问题，由圣库配给。此中不给市场以立锥之地。太平军的后勤保障，也均由高度集中统一的计划生产来实现。军中有所谓"诸匠营"和"百工衙"。"诸匠营"有：木营、土营、织营、金靴营、镌刻营、绣锦营。"百工衙"有：典炮衙、铅码衙、黄铁衙、弓箭衙、战旗衙、豆腐衙、天茶衙、浆人衙、缝衣衙、国帽衙、典妆衙等等。这些公营组织直接以满足军事斗争和平时生活之需为目的，产品实行直接统分。奠都后，这一做法一度被推广来规定天京的社会经济，在城内设男馆、女馆以至于由老年残疾人作业的牌尾馆，试图完全取消商品经济。

从西欧早期空想社会主义看，试图取消商品经济也是一个普遍现象。例如在莫尔的《乌托邦》里，人们鄙视金银，把金银铸成粪桶溺盆之类的用具，制成奴隶身上的镣铐和罪犯佩戴的饰物。在康帕内拉的"太阳城"里，也实行平均主义的配给制度，人们在公共食堂就餐，社会按季节给人们发放同样款式和颜色的服装，废除了商品货币，金银也被用作制造器皿或公共装饰品材料。

从根本上说，农业社会主义排斥商品经济是从农民超时空的平等思想派生出来的。农民是私有制的受害者，无数事实使他们坚信私有制是万恶之源。但他们并不懂得私有制从产生到灭亡是一个自然历史过程。而商品经济又是以生产资料归不同的所有者为必备条件之一。这样，自然经济状态中的农民同商品经济中的生产者就有了扞格：在太平天国农民看来，大家都是兄弟姐妹，"何得存此疆彼界之私"，因此，产品可无偿调拨，"丰荒相通"；而在商品生产者看来，则必须划清此疆彼界，其产品实行等价交换。在太平天国农民看来，大家既是兄弟姐妹，"何可起尔吞我并之念"，故不必竞争，"有田同耕，有饭同食，有衣同穿，有钱同使"；而在商品生产者看来，则必须有市场竞争，优胜劣汰无可非议。这样，太平天国的农民就很容易把商品经济与私有制等同起来。虽然，太平天国一度在商业发达的天京推行废除商品交换政策失败后，迫于现实经济窘势，允许商品存在，并实行保护政策。但这并不意味着他们在认识上发生转变，而只是一种不得已的让步。他们在思想深处始终对商品经济存有戒心，容不得商品经济发展。

认识太平天国农业社会主义这一致命弱点有重要现实意义。中国共产党深刻地反省了自身对社会主义的认识过程，早在中国共产党第十三次全国代表大会报告指出："以为不经过生产力的巨大发展就可以超越社会主义初级阶段，是革命发展问题上的空想论，是'左'倾错误的重要认识根源。"造成这种"空想论"的原因除机械照搬马克思主义创始人关于社会主义的设想外，应还有自身民族历史上的渊源。总结太平天国农业社会主义的这一经验教训，为我们提供了一个新视角，这有利于我们卸下因袭的沉重负担。

第三，利用宗教作精神支柱，没有科学的理论导向，因而以失败而告终。

从根本上说，旧式农民（甚至最初的无产阶级）要能够组织浩浩荡荡的革命大军，应有两个必要条件：一是他们不能照旧活下去，二是要有一个足以摧毁旧政权的绝对权威。这后一个条件十分重要；没有它，农民就难以树立起必胜信心。旧式农民不能做自己的主人，他们需要一个皇帝。当这个皇帝抛弃他们时，就需要有一个更大的意志和力量，凭借它把农民自身的勇气和力量激发出来，成为替天行道的力量。深谙此道的中外农民领袖，都无例外地找到这个意志和力量——宗教。

洪秀全按中国国情和当时的政治需要，将西方的基督教改造成拜上帝教。拜上帝在洪秀全那里成了一个严整的意识形态。在洪秀全那里，他开拓了一条将外族精神武器同中国实际相结合，从而创造有本国特色的精神武器的路子，这虽然是非科学的，却也显示了他非凡的创造才能。

但精神鸦片毕竟是精神鸦片，即令太平天国没有战败，拜上帝教也会将农民的平等思想毁灭。因为洪秀全既要集神权、政权、军权于一身，他就得化做人民崇拜敬畏的偶像，就必然再生产出封建等级制度，从而最初关于"天下多男人，尽是兄弟之辈；天下多女人，尽是姊妹之群"的平等观势必荡然无存。奠都后，诸王出巡，官吏百姓必须回避，回避不及必须跪在道旁，"如敢对面行走者斩首不留"。不仅官大一级压死人，就连他们的夫人，也有严格的等级，因而"百姓震惊，以为尊严无比"。

农民不是不能走社会主义道路，但要有科学的思想体系去指导他们克服本阶级的局限。农民自身不能创造这样的思想体系，而必须由代表先进生产力的无产阶级通过代表他们利益的知识分子创造出来，再灌输给他们。这就是农民必须接受无产阶级领导的道理。太平天国农业社会主义在这一点上给我们以深深的启示。

康有为的大同社会主义

戊戌变法失败后，康有为游历欧美等地，这使他得以广阔的视野来审视他原先的社会理想。终于在异邦，他完成了《大同书》，在这部著作中康氏任思想自由驰骋，去设计那些"过数千百年后"的事，竟然描述得精细入微，有声有色，这恐怕令中外所有的空想社会主义者都相形见绌。《大同书》猛烈抨击了私有

图3　康有为（1858 年 3 月 19 日～1927 年 3 月 31 日）广东南海人，近代著名政治家、思想家、社会改革家。

图4　《大同书》封面

制，无情地揭露和批判了私有制的罪行，宣传了公有制的美好前景，这对于巩固人们追求美好社会理想的信念，鼓舞斗志，具有积极意义，同时也留下了许多宝贵的思想资料。大同社会主义的重大价值在于：它摆脱了小生产者的局限，真正地面向大工业，去思考建立一个适应社会化大生产要求的公有制社会，比起《天朝田亩制度》，是一质的飞跃。就这一点而言，它是符合社会历史发展方向的。这对于长期处在闭关自守状态，长期生活在夜郎自大的精神氛围之中，安于自给自足的生活，限于在自然经济基础上谋求平等出路的国民来说，使他们有耳目一新的感受，具有重要的启蒙作用和解放思想的作用。但是，未来社会的具体样态，应当是具体的历史的社会实践的产物，是当时当地人民群众的创造选择的产物，不是哪个天才早早地精心预设的。恩格斯批评欧洲空想社会主义时说过，这种社会主义把未来设计得越具体，空想性就越明显。大同社会主义正是这样。它把人们带到未来社会的云里雾里，却找不到一条由理想到现实的通路。这样，它不具有多少现实的吸引力，在这一点上，它既不如《天朝田亩制度》，更不如民生社会主义，能够凝聚千百万人去为之奋斗。这或许是书成之后，作者一度秘不示人的一个缘故。

大同社会主义的基本内容

第一，高度发达的社会生产力。康有为描绘的"大同社会"，生产力高度发达。工业方面，劳动效率"其倍过于今者不可以亿兆思议"。"劳动苦役，假之机器，用及驯兽，而人惟司其机关焉，故一个之用可代古昔百人之劳"，"一人作工之日，仅三四时，或一二时而已足"。交通运输方面，"汽球登天，铁轨缩地，无线之电渡海，比之中古若新世界矣"。"铁轨屋车之密如发蛛网，轮舟汽球之行有若抛梭，自行电车于时尤盛"。商业方面，"商运之大，轮舶纷驰，物品交通，遍于五洲，皆创数千年未有之异境"。企业社会化规模，大得惊人。工厂"用人可至千百万，工地可至千百里"，"其商店之大，如今一都会百数十里，大者乃数百里"。为了管理有序，康氏又分别为农、工、商精心编制了一整套管理体制。值得注意的是，在大同世界，劳动已摆脱了异化状况，虽然还可能是谋生手段，但在很大程度上已变成了人们的一种雅兴，"不过等于逸士之灌花，英雄之种菜，隐者之渔钓，豪杰之弋猎而已"。

第二，全世界范围实行公有制。"大同社会"一大二公，公即清一色的公有制，公有制之大，遍及全球农业方面，"举天下之田地皆为公有"。由农部管理，农产品除留足本度（度即一行政单位名称）足用之外，剩余部分上告农部，再移交商部。工业方面，"使天下之工必尽归于公，凡百工大小之制造厂、铁道、轮船皆归焉，不许有独人之私业"，由工部管理。商业方面，"举全地之商业归公政府商部统之"。

第三，全世界范围实行高度集中统一的计划经济体制。大同社会实行高度集中统一的计划经济。商部大约是世界经济的调节中心。对于农业，它制订生产指标，"令各度界如其定额而行之，移之农部。农部核定，下之各度界小政之农曹，令各小度界如额种植、牧畜、渔产"。对于工业，"商部核全地人民所需之什器若干……以累年之报告比较而定其额"。"商部乃以举国所需之物品、什器之大数分之于各度精工擅长之地，而定各地各品物，什器制造之额，移之工部。工部核定，下之各度界工曹，工曹督各工厂场如额而制之"。对于商业，"商部核全地人口之数，贫富之差，岁月用品几何，现令所宜之地农场、工厂如额为之，乃分配于天下"，"商曹核本度乡市之人口而分配之各商店中"。

第四，实行级别工资，按劳分配。《大同书》指出："自农夫、渔牧、矿工，各视其材之高下，阅历之深浅，以为工价之厚薄，略分十级。"工人的工资，"因其工之美恶勤惰为数十级而与之"。

第五，发达的福利事业。在"大同社会"，人从出

一 中国近代社会的空想社会主义

娘胎到进坟墓，都有充分的福利保障。如此发达的福利，是与消灭家庭相联系的。康氏认为家庭是私有制的温床，必须废除。由于没有了家庭，所以人的生老病死、未成年时的养育、成年后的衣食住、失业等，当然要靠公政府办好福利。

第六，没有国家。康氏提出消灭国家分三个步骤，第一步，实行各国平等联盟；第二步，实行联邦自治，设统一的公议政府；第三步，消除邦国界域，在全世界建立一个公政府。他还就其具体的行政区划、体制做了详细说明。

"大同社会主义"理论的价值及其局限

"大同社会主义"理论有它宝贵的价值，也有它明显的局限，需要对它加以具体分析。

第一，"大同社会主义"理论明确地把吸收人类一切文明成果，发展生产力，建设强大的物质基础，作为社会主义的立足点。

无论大同世界多么玄乎，有一点必须肯定，即它把高度发达的生产力和丰富的物质财富作为基石。尤其值得注意的是：它重视科学技术。康有为在谈到分配要按贡献进行时，不是泛泛地讲所谓"勤劳"，而是特别突出科学技术上的新创造。他说："太平之世无所尊高，所尊高者工之创新器而已。""政府之所奖励，人民之所趋向，皆在于新器矣。凡能创新器者，给以宝星之荣名，如今之科第焉；赏以千万之重金，如今之商利焉。当是时，举全地人民之所以求高名，至大富者，舍新器莫致焉。其创有新器者，如今之登高第，中富签；其创新器而不成者，如士之落第，商之倒肆焉。"可贵的是这种科技兴世的导向，他用及第与落第、发财与倒肆通俗的比喻，从人们的切身利益着手，调动人们的积极性从事科技发明，促进生产工具更新换代。这应看做是他关于社会的发展依赖于生产力发展、科技进步的价值取向。生产力要高度发展，劳动者科学文化素质的培养就极重要。康氏对人从胎教抓起，并且要求每个人都要念完大学，尔后方能谋职。一名最底层干部，"必由学士、工技师出身，乃许任职"。"凡农夫，皆得有农学考验证书而后用之；其未得证书而年逾二十者，亦得用为农夫，但不得为长及农学士矣"。可见，职业的谋得、薪水的高低，显然在很大程度上取决于人的素质中现代科技含量的高低，发明创造才能的大小。那些入恤贫院的人，恐怕是这方面的不合格者。还要看到，康氏还把爱不爱学科学，能不能运用科学知识进行发明创造，当作一条伦理渗入人们的道德观里。他谈到对入恤贫院的人时，主张给以照顾，但要教育他们知耻改过，经教育不改，再三入院者，着特别服装，"令人不齿"。这里，康氏不只是把发展生产力当口号喊喊，而是力图通过完善激励机制，从物质利益的力度，调动人民追求科学技术。

第二，"大同社会主义"理论在一定程度上注意到了必须把社会进步与人的全面发展一致起来。

马克思恩格斯指出：未来社会要"培养社会的人的一切属性，并且把他作为具有尽可能丰富的属性和联系的人，因而尽可能广泛需要的人生产出来——把他作为尽可能完整的和全面的社会产品生产出来"。值得肯定的是，《大同书》一方面强调发展生产力，另一方面又重视对人的仁、德的培育，实行仁智并举的育人方针。他设奖仁院以奖励慈惠之事，为此设计了一整套荣誉称号。对人本院、育婴院、慈幼院、养老院、医疾院、考终院工作人员，"其赏金可自百千至百万，或加岁赏焉"。"其有过者扣除仁人之号"。用这种办法培养人的敬业精神。社会全面进步和人的全面发展是一个高难课题，需要若干代思想家、社会活动家持续不断地探索才能解决。康有为无论就其阶级立场、世界观性质，还是就其知识储量而言，都远远不足以解决这一高难课题，或许他连这一课题意识也不曾有过。但是，既面向大工业，他就不得不对西方资本主义国家出现的社会发展与人的片面发展并存的感性现实作出反应。他既要思考超越西方社会现实的理想问题，就必然考虑伴随社会发展如何解放人的历史性问题。这就在一定程度上注意到了社会进步与人的全面发展的统一问题。

第三，在康有为的理论视野里，市场经济被抹去了。在商品经济阶段，只采取单一的计划经济形式，而不要市场经济，这是一个历史性错位。

大同世界，商店里陈列的仍是商品、购物付钱；劳动力价值仍以工资表现；赏罚形式多体现于金钱；银行仍然存在。就是说，它处在商品经济阶段。这一点上，康氏不同于欧洲19世纪三大空想社会主义者，也不同于马、恩，后者都主张商品经济。但是，康氏面对商品经济社会，却选择单一的计划体制作为资源配置的唯一手段，在中国开了这方面的先河。在大同世界，计划自上而下下达，产品自下而上上交，又自上而下分配。"商部"无所不包。这样必然排斥市场机制。例如，在大同世界商场上，价格就不具有调节资源配置的功能，"太平时，物不二价，只能谓之运部，不能谓之商部；曰商部者，俾人易解耳"。足见其定价不合理且僵化。康氏强烈反对竞争，当然有些是对的，如反对将物种的生存竞争、适者生存法则搬到社会领域以及反对不正当竞争行为。但他一概反对竞争，还大肆铺陈竞争中失败者的痛苦来证明竞争的"不道德"。看起来，他还根本不懂得恶也是推动历史的强大杠杆的道理。商品经济阶段不能取消市场经济体制而求助于单一计划体制，这是当今社会主义实践得出的重要结论。我们不会去苛求康有为，我们只想指出，《大同书》中关于商品经济条件下要取消市场经济体制这一历史性错位，对我们具有重要的启迪意义。

第四，"大同社会主义"以抽象人性论为基础，企图以开发人的"不忍之心"来达到大同目标，这是行不通的。

康有为把西方关于自然界由低级向高级发展的进化论思想加以改造，使之与传统文化中关于天下为公的社会理想相结合，形成所谓据乱世—升平世—太平世的社会进化过程，不无进步意义。至少有关于社会必定由低级进到高级的基本信念。但他没有找到社会进化的真正途径。他一开始就离开了人类生存的第一个历史前提，即物质资料的生产，深陷于人性论迷谷。《大同书》绪言以"人有不忍之心"立论，显见人性论的基础性地位；并且，他还在新条件下重述孟子的仁学，企图首先调动起人人"与生俱来"的"不忍之心"，以便对他历数的人间之苦产生共鸣，进而让人们接受"大同"主张，以为这样便能进入"大同"。但他不能从"不忍之心"演绎出人类之苦的根源，因为既然人人都有不忍之心，何来人类之苦多如许？他也不能证明私有制的来历，因为既然人人都有不忍之心，何来私有制？他也不能找到从不忍之心到"去九界"的通道。例如"去国界"，国家乃阶级矛盾不可调和的产物，阶级压迫的机器。其消亡必然伴随阶级消灭、私有制铲除等进行，绝非康氏想的那么简单，从人有不忍之心出发，声讨几声国家存在的危害，便可以取消的。毛泽东说得好："康有为写了《大同书》，他没有也不能找到一条到达大同的路。"①

孙中山的民生社会主义

孙中山是一位伟大的资产阶级革命家，是中国共产党的忠实朋友。孙中山的民生社会主义达到了中国空想社会主义的最高境界，民生社会主义的历史地位意味着中国空想社会主义的终结，代之而起的是面目全新的科学社会主义在中国的实践，以及由此而产生

① 《毛泽东选集》第四卷，人民出版社，1991，第1471页。

图5 孙中山画像

孙中山（1866 年 11 月 12 日～1925 年 3
月 12 日），广东省香山县（今中山市）翠亨
村人，近代民主革命家，中国国民党创始人，
三民主义的倡导者。

的伟大理论成果，毛泽东思想。按照列宁的见解，孙
中山的民生主义，"首先是同社会主义空想，同使中国
避免走资本主义道路，即防止资本主义的愿望结合在一
起的，其次是同宣传和实行激进的土地改革的计划结合
在一起的"。这种"主观社会主义思想和纲领，事实上
仅仅是'改革''不动产'的'一切法律基础'的纲
领"。"纯粹资本主义的、十足资本主义的土地纲领！"

我们之所以把孙中山的民生主义理解为中国空想
社会主义发展的最高阶段，那是因为：第一，在中国空想社会主义历史上，它的成就最高。就理论水准而言，民生主义力图从人们的生活问题中把握历史的发展，比那些从杰出人物头脑和"绝对观念"中说明社会的进程要深刻得多。从实践上看，民生主义以及民族主义、民权主义中有相当多的内容与中国科学社会主义在当时的主张相一致，以至于中国共产党庄严宣告："三民主义为中国今日之必需，本党愿为其彻底实现而奋斗。"第二，它既是中国成就最高的空想社会主义理论体系，又是中国最后的一个空想社会主义理论体系。它所指引的资产阶级民主革命所达到的限度，已表明中国空想社会主义的终结，代之而起的是科学

图6 《三民主义》封面

书名为胡汉民题写。

社会主义的辉煌。第三，它虽然与科学社会主义有本质不同，但它的发展表明，它有一定的开放性，比如能够吸收俄国社会主义革命的某些经验；接受共产国际以及中共的帮助，用联俄、联共、扶助农工重新解释三民主义等。对于他自称民生主义就是社会主义这一现象，不能理解成孙中山装扮成真正社会主义者，他在主观上是想要建成一个高于资本主义的社会的。

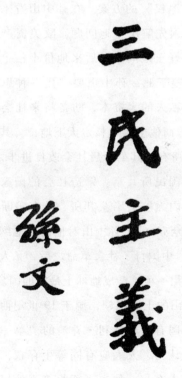

图7 孙中山手书"三民主义"

民生社会主义的基本内容

民生社会主义基本内容包括两个方面，一是平均地权以解决土地问题，二是节制资本以解决资本问题。二者就发展过程而言，又有旧民主主义革命时期与新民主主义革命时期之分。

第一，关于土地问题。旧民主主义革命时期的内容大致是：采取"核定地价"、"照价纳税"、"照价收买"和"涨价归公"的手段和步骤，实施"土地国有"——"平均地权"的方案。在孙中山看来，要解决社会问题，必须先解决土地问题。欧美资产阶级革命由于没有解决好土地问题，后来地价十倍上涨，地主坐食其利。有鉴于此，孙中山要"用一种思患预防的办法，来阻止私人的大资本，防备将来社会贫富不均的大毛病"。因而他主张"核定天下地价。其现有之地价，仍属原主所有；其革命后社会改良进步之增价，则归于国家，为国民所共享。肇造社会的国家，俾家给人足，四海之内无一夫不获其所。敢有垄断以制国民之生命者，与众弃之"。孙中山对他的土地纲领很自信，甚至认为："中国行了社会革命之后，私人永远不用纳税，但收地租一项，已成地球上最富的国。"

其实，孙中山的土地纲领，源于19世纪西方流行的资产阶级土地国有论者亨利·乔治的"单一税"主张。亨利·乔治认为，人人应有同等生存权，人人也应享有同等土地占有权。他主张征收等于地租额的土地税，把土地所有者的不合理收益转交社会。孙中山对此认为："其阐发地税法之理由，尤为精确。……

深合于社会主义之主张。"但马克思在《哲学的贫困》里指出：亨利·乔治这整套的理论不过是打算借社会主义作幌子保持资本主义的统治。恩格斯也在《美国工人运动》中写道："亨利·乔治所主张的，则是丝毫不动目前社会的生产方式。"孙中山土地纲领还参有约翰·穆勒的土地国有论主张，而约翰·穆勒的主张按马克思的说法，不过是"工业资本家对地主怀抱的仇恨底率直的表现"（《哲学的贫困》）。应当承认，孙中山的土地纲领一定程度上表达了它满足农民对土地要求的愿望。但是，土地国有，涨价归公主要是就城镇及其郊区土地而言的，不包含远离城镇而又与工、矿、交通无甚联系的广大耕地。这当然也就不包括广大农民切身利益。

新民主主义时期，孙中山在中国共产党和共产国际的帮助下，把"耕者有其田"作为平均地权的主要内容，一定程度上弥补了上述不足。他说："……耕者有其田，那才算是我们对于农民问题的最终结果。……中国现在虽然没有大地主，但是一般农民，有九成都是没有田的，他们所耕的田，大都是属于地主的。有田的人自己多不耕种。照道理讲来，农民应当说是为自己耕田，耕出来的农产品，要归自己所有。现在的农民，都不是耕自己的田，都是替地主来耕田，所生产的农产品，大半是被地主夺去了。这是一个很重大的问题，我们应该马上用政治和法律来解决，如果不能解决这个问题，民生问题便无从解决。"进一步，他还主张用俄国的办法来解决问题，他说："现在俄国改良农业政治之后，便推翻一般大地主，把全国的土地都分到一般农民，让耕者有其田。耕者有了田，只对国家纳税，另外便没有地主来收租钱。这是一种最公平的办法。我们现在仿效俄国这种公平办法，也要耕者有其田，才算是彻底的革命。"

毛泽东给予孙中山提出的耕者有其田方针以极高的评价。他甚至把中共在新民主主义时期的土地革命内容说成是这个方针的执行。他说："这个共和国将采取某种必要的方法，没收地主的土地，分配给无地和少地的农民，实行中山先生'耕者有其田'的口号，扫除农村中的封建关系，把土地变为农民的私产。农村的富农经济，也容许其存在的，这就是'平均地权'的方针。这个方针的正确的口号，就是'耕者有其田'。"[①] 孙中山这个方针的空想性主要体现在其实现途径上，他不把这一方针同农民革命联系起来，而是要用"政治和法律"的改良手段。他说："讲到解决土地问题，平均地权，一般地主自然害怕。……但是照我们国民党的办法，现在的地主还是很可以安心的。这种办法是什么呢？就是政府照地价收税和照地价收买。"我们知道，在中国当时，离开了武装斗争要实现耕者有其田，那是不可思议的。中共领导的土地革命经验证明：土地革命是当时的主要任务，完成这一任务的手段是武装斗争，而革命根据地则是坚持武装斗争的依托。对比之下，孙中山的方案就空虚多了。孙

---

① 《毛泽东选集》第二卷，人民出版社，1991，第678页。

中山虽然欣赏俄国的经验，但最终还是决定采取改良手段，其所以如此，是由他对农民的错误立场决定的。他认为"把地主的田都拿来交到农民，受地的农民，固然是可以得利益，失地的地主，便要受到损失。但是受损失的地主，现都是稍为明白事体的人，对于国家大事，都很有觉悟，而一般农民全无觉悟。如果地主和农民发生冲突，农民便不能抵抗"，只能采取改良手段。

第二，关于资本问题。旧民主主义时期的内容主要是节制资本和所谓"国家社会主义"。节制资本的主要内容是限定私人资本的经营范围。国家社会主义的主要内容是："国家一切大事业，如铁路、电气、水道等事务，皆归国有，不使一私人独享其利。"资本问题的要旨在于节制资本，而国家社会主义则是对节制资本的补充。

孙中山相信，采取节制资本和国家社会主义方案后，可以"防资本家垄断之流弊"，克服"少数人把持文明幸福"之弊端，使"社会不受经济阶级压迫之苦痛，而随自然必至之趋势，以为适宜之进步"。他还相信，"国家社会主义"可使社会迅速致富。"今中华煤矿，蕴藏之富，甲于全球……如能合全国之资力，分头开采，并多筑铁路，以便转运，能如是则民富矣！"

到了新民主主义时期，孙中山对节制资本原则提得更加明确，认为"国家一定要发达资本，振兴事业。……第一是交通事业，和铁路运河，都要兴大规模的建筑。第二是矿产，中国矿产极其丰富……一定要开辟的。第三是工业，中国的工业，非要赶快振兴不可"。

民生社会主义关于资本方面的构想，一定程度上反映了当时中国社会经济发展的规律。因为当时在中国资本主义道路行不通，现代工业又相当微弱。为此，又需要资本主义一定程度的发展。正如毛泽东所说的那样："为了对付帝国主义的压迫，为了使落后的经济地位提高一步，中国必须利用一切于国计民生有利而不是有害的城乡资本主义因素，团结民族资产阶级，共同奋斗。"①

不过，在孙中山眼里，"节制资本"和"发达国家资本"等同于共产主义。他说："实业由国家经营，所得的利益由大家共享。……我们要解决中国的社会问题……就是要全国人民都可以安乐，都不致受财富不均的痛苦，要不受这种痛苦的意思，就是要共产。所以我们不能说民生主义与共产主义不同。"但事实上，不管孙中山主观愿望如何，上述纲领只能是帝国主义时期国家资本主义这一新出现的事物在孙中山头脑里的反映。马克思主义认为，"国有企业"的性质只能取决于社会基本生产关系和国家性质。孙中山的民生社会主义只能是涂上空想社会主义色彩的资本主义。那样的国家仍然是资产阶级性质的国家，不可能是无产阶级的国家。从而所谓国有企业也就不可能是国家社会主义，而只能是国家资本主义。孙中山不过是看到

---

① 《毛泽东选集》第四卷，人民出版社，1991，第1479页。

了当时帝国主义国家运用国家资本主义来局部调整资本主义生产关系的较为成功的经验，诚如他所言："美初未用此政策，弊害今已大见"，"德国后起，思患预防，全国铁道，皆为国有"。孙中山以为这就是搞社会主义或属于社会主义内容，其实不然。

民生社会主义理论的合理性及其局限性

民生社会主义理论在中国旧民主主义革命阶段，曾为中国人民改造社会的行动纲领，即使在新民主主义革命阶段，被"三大政策"改造过的民生社会主义理论，依然为当时广大中产阶级和爱国进步人士所信奉，为中国共产党人所赞同与支持。因此，历史地看，民生社会主义理论的合理内核是绝不容忽视的。另一方面，又由于它对科学社会主义持积极的接近的态度，由于孙中山数十年坚持认为民生社会主义与共产主义是二而一的关系，因此，我们不能简单地否定它的积极意义。当然，民生社会主义与科学社会主义还是有本质差别的。这就不得不使我们去审慎的分析它。

第一，民生社会主义力求贴近中国国情，创造出能推动中国进步的社会模式。

康有为的大同社会主义，以地球为对象，按全球环境和各地工业基础进行经济布局、构建时，由于要体现"去国界"，故完全没有虑及国情。因而他愈是设计周密，就越是囿于空想而不能成为实际活动的指南。民生社会主义则不同，它贴近国情的意识强烈，所谓民生问题，是中国的民生问题。正是这样，孙中山才始终抓住土地作为民生主义的根本内容。关于这一点，可以从孙中山在北京与袁世凯交换政见时的谈话得到佐证。孙中山说："中国以农立国，倘不于农民自身求彻底解决，则革新非易。欲求解决农民自身问题，非耕者有其田不可。"资本问题也是源自对国情的深思。俄国民粹派与孙中山虽同属于主观社会主义者，但民粹派不能贴近国情，在近代文明面前表现出恐惧和伤感，而孙中山则能如列宁所说"承认生活所强迫他承认的东西"。他能密切关注我国趋向，认识到"发展中国工业""无论如何必须进行"。"中国亦将自行投入实业漩涡中，盖实业主义为中国所必需，文明进步，必赖乎此，非人力所能阻遏。故实业主义行于我国也必矣"。他关于资本问题的主张，乃是在顺应上述国情的基础上，做出的既要发展资本主义，又要防范私人资本操纵国计民生的思考。从反面看，民生社会主义之所以流于空想，也是因为孙中山的阶级立场和历史条件的局限，不能认识到俄国革命道路对中国的深刻影响，不能认识到中国无产阶级已登上历史舞台这一根本国情。总之，正是由于民生主义贴近当时中国国情，这个理论才能受到中国资产阶级、小资产阶级和劳动人民的拥护，受到共产党人的支持，才能引导中国历史上最完整意义上的资产阶级革命，它的进步内容才能被中国的科学社会主义者在当时作为最宝贵财富直接继承和发展。

第二，民生社会主义理论注意到了在一个穷苦落后的国家建设社会主义，必须对外开放，大胆引进外资这个问题。孙中山对西方文明浸淫感受尤深，因而对当时国人闭关自守持批判态度。他这样讽喻闭关自守："其所需要皆一人为之，不独自耕而食，自织而衣，亦必自炊而后得食，自缝而后得衣，其劳苦繁难，不可思议，然其人亦习惯自然，而不知有社会互助之便利，人类交通之广益也。"他还说："盖中国之孤立自大，由来已久……故不能取人之长，以补己之短。……虽闭关自守之局，为外力所打破者，已六七十年，而思想则犹是闭关时代的荒岛孤人之思想。故尚不能利用外资，利用外才，以图之富强也。"

孙中山认为当时中国最大问题是资金不足，单靠自己的资金搞建设，难以"发达国家资本"。他举例说："修铁路一年筹一千万亦需六十年，始达六万万之数，而已精疲力竭，一切流通资本，悉归之于铁路建筑之上，金融机关必须停止，则铁路造成之日，即为国家灭亡之时。"因而他主张引进外资。他还认识到，由于中国技术落后，难以单靠自己的技术力量来搞工业化。他说，"然自造之，亦当需机器乃能造机器，此机器之母必当购之外国矣；以其高利之金钱而购此机器，不如以低利而借此机器之为愈也"；况且"我无人才"，"我无良好方法"。因此，他主张引进外国技术。孙中山关于利用外资的思想中，还是较重视独立自主的，例如他在辛亥革命后的困难期间，向日本借贷时，就提出："一，不失主权；二，不用抵押；三，利息甚轻。"

孙中山关于对外开放的思想是较有远见的。从大

的背景上看，顺应了我国从民族历史走向世界历史的趋势。不过，孙中山在这个问题上也表现出他对帝国主义抱有幻想。因为在当时，中国的"实业发达"不利于帝国主义在华利益，因而国际资本不可能在平等互利的前提下向我国借贷。这就决定了孙中山在外资问题上的主张，没有现实可能性。正如毛泽东所说，"孙中山的一生中，曾经无数次地向资本主义国家呼吁过援助，结果一切落空，反而遭到了无情的打击"[①]。但是在今天，我们已有了民族独立的前提，有了自己较为强大的工业基础。反思孙中山对外开放思想在今天的意义，则是有益的。

第三，民生社会主义理论强调"唤起民众"投入生气勃勃的历史创造活动。孙中山革命伊始就致力于"唤起民众"，临终遗言仍要"唤起民众"。新民主主义时期，孙中山日益意识到工农群众的革命作用，他说："及遇义和团之变。中国人竟用肉体和外国相斗，外国虽用长枪大炮打败了中国，但是见得中国的民气还不可侮，以为……用武力瓜分了中国，以后还不容易管住中国，所以现在便改变了方针。"这里，他已意识到农民阶级和广大下层群众发动的反帝运动是抵制帝国主义瓜分中国的主要力量。尤其可贵的是，孙中山认识到农民是革命的基础，认为"农民是我国人民之中的最大多数，如果农民不来参加革命，就是我们革命没有基础"。他还说农民要是"有了枪，练成了很

---

① 《毛泽东选集》第四卷，人民出版社，1991，第1474页。

好的农团军",就会成为"中国第一等主人公"。对于工人的革命作用,孙中山也极重视,甚至说工人是"国民的先锋"。例如,他赞扬广州沙面斗争的工人"有很坚固的团体","遇到外国人发生苛例,便全体罢工,要求列强来取消。列强因为看见工人有很坚固的团体,所以不敢再压迫"。进一步,他认为工人结成团,"要废除中外不平等的条约,便可以作全国的指导,作国民的先锋,在最前的阵线上去奋斗"。

近代中国,三座大山沉重地压着中国人民,要推翻它们,必须放手发动群众。因此,"唤起民众"就成为任何革命阶级、政党和个人的首要任务,也是识别真、假革命的试金石。在这个意义上,孙中山所毕生致力于"唤起民众",只是停留在认识水平上,也只是在一个一个的事件中具体实践。重要的是,在新民主主义时期,他把它概括为"扶助农工",与联俄、联共一起构成新三民主义的实质和核心。从民族资产阶级角度看,扶助农工,同联俄、联共结合在一起,基本上完成了中国民主革命的力量配置的构想。作为孙中山,他已经回答了历史给民族资产阶级提出的一个重大课题。毛泽东评论道,"革命的三民主义,新三民主义,或真三民主义,必须是农工政策的三民主义",反之,"不要农工政策,不真心实意地扶助农工,不实行《总理遗嘱》上的'唤起民众',那就是准备革命失败,也就是准备自己失败"[1]。

---

① 《毛泽东选集》第二卷,人民出版社,1991,第 691~692 页。

某种意义上，也可以说，能否依靠群众，放手发动群众，也是科学社会主义与空想社会主义的区别。上述关于孙中山在唤起民众方面的努力，并不表明他对群众的立场、观点已达到了唯物史观的高度。他的思想认识同唯物史观的群众观点有质的差别。孙中山思想的深处，依然存在着过分夸大杰出人物历史作用的弱点。例如他认为发生法国革命，仅仅因为有卢梭的民主思想；发生"明治维新"，"不过数志士为其原动力耳"；德国的强盛，"全由俾斯麦一手造成"；太平天国失败，"根本上是因为杨秀清想作皇帝的一念之差"。孙中山的英雄史观导致他提出了"权能区分论"，认为人民应当"有权"，但由于人民缺乏才智，不能"直接管理国家事务"，而必须"把国家大事托付给有本领的人"。这就决定了孙中山的思想境界不可能达到人民民主专政的高度。

第四，民生社会主义的理论基础——民生史观没有超出唯心史观的局限，与唯物史观有着本质差别。在孙中山的观念中，民生主义就是马克思主义主张的社会主义。他反复强调这种一致性，说"民生主义与共产主义实无别也"，"民生就是人民生活，社会的生存，国民的生计，群众的生命。……民生主义就是社会主义，又名共产主义，即是大同主义"，"可说是社会主义的本题"。"共产是民生主义的理想，民生是共产主义的实行"。只是在强调实质一致的前提下，孙中山才认为二者有所差异。其一，在他看来，"用'民生'这两个字来包括社会问题，较之用'社会'或

'共产'等名词为适当"。其二，"要分别的，还是方法"。

说"共产主义是民生主义的理想"，这倒也还合乎实际，要说"民生主义是共产主义的实行"，无论如何不合事实。共产主义的理论基础是唯物史观和剩余价值理论，而孙中山创立的民生主义所依据的是民生史观。毛泽东指出："所谓民生史观，实质上是二元论或唯心论。"尽管孙中山认为历史的重心是民生，"民生是社会一切活动的原动力"，"民生为社会进化的重心"。但这里的"民生"，撇开了人的社会性和历史的发展。他视野中的社会即民生问题，没有特定的物质生产活动以及与之相应的生产关系或建立在其上的上层建筑，无真实的具体的社会形态。从这一空洞概念出发，不可能阐明社会的本质。此外，它也离开了阶级关系，不能做到将人类现实生存问题与一般生物的生存问题区别开来。马克思主义重视阶级斗争观点，而在孙中山看来，阶级斗争不过是"社会当进化的时候，所发生的一种病症"，"社会之所以有进化，是由于社会上大多数的经济利益相调和，不是由于社会上大多数的经济利益有冲突"。这也就是说，民生社会主义是幻想用阶级调和的"顺畅"途径来实现的。空洞的民生概念，引发出关于国家、国民、民治、议会政治等内容上抽掉阶级内容的现象。例如国家不过是土地、人口等要素的合成，不过是属于人群心理现象，不过是管理众人的事，等等。孙中山不直接表示他对剩余价值学说的看法，认为它"把一切生产的功劳完全归之于工人的劳动，而忽略社会上其他有用分子的劳动"。"所有工业生产的盈余价值，不光是工厂内工人劳动的结果，凡是社会上各种有用有能力的分子，无论是直接间接，在生产方面或者在消费，都有多少贡献"。对剩余价值的不理解，也就不可能揭示无产阶级与资产阶级对立的经济根源，从而就达不到科学社会主义的水准。

近代中国空想社会主义产生的 历史条件和特点

近代空想社会主义产生和发展的现实社会舞台是已经沦为半殖民地半封建的中国。它作为中华民族的一种社会理想，同历史悠久的关于"太平"、"大同"的平等理想血肉相连，也与后来崛起的马克思主义普遍原理同中国革命实际相结合的科学社会主义不光有着纵向的传承关系，还有着某种横向的相互作用的关系。它作为近代世界，尤其是觉醒的亚洲的民族解放运动和民生革命运动的产物，又同世界进步思潮、社会主义思潮有着不可分割的联系。所有这些联系或关系，决定着近代中国的空想社会主义具有其特殊性。分析它所产生和发展的历史条件，认识它的特点，有助于我们对它获得更深层的把握。

中国空想社会主义产生的历史条件

第一，中国沦为半殖民地半封建社会，几千年传统的社会结构迅速瓦解，新的社会结构不见端倪，中国人民处在历史的十字路口。

　　1840年鸦片战争，是中国社会变化的历史转折点。此后，领土被割、主权被犯、商品输入、资本输入，自给自足的封建经济基础遭到破坏，沦为国际资本的附庸。"苍苍者天，搏搏者地，不过一大杀场大牢狱而已"。美国学者吉尔伯特·罗兹曼这样评说当时的中国："条约口岸时代标志着中国整整一个世纪的衰弱和屈辱史，这个世纪开始于少数几个商埠，继之发展到实质性的领土割让，并一度威胁到中国的主权和统一。中国的中央政府，在整个19世纪一直背着沉重的内乱包袱，在20世纪的头25年里本身就处在风雨飘摇之中……因此根本无法有效地对抗这些外来威胁。故内部虚弱与外来压迫是两个相互呼应的灾星。"

　　近代西方列强入侵中国，不同于历史上中华民族内部的某一落后民族威胁以汉民族为主的中央政权，虽然后者也引起汉民族人民的救亡，但即使失败，文明的汉族文化也可以同化征服者。但近代入侵中国的西方国家，"呈现出现代结构，充满活力，并因现代知识和现代技术得到巩固"，这样，它们不但不会被中国的社会结构同化，反而会致命地冲击它，迫使它解体。"所有这些破坏性因素，都同时影响着中国的财政、社会风尚、工业和政治结构，而到1840年就在英国大炮的轰击之下得到充分发展；英国的大炮破坏了中国皇帝的威权，迫使天朝帝国与地上的世界接触。与外界完全隔绝曾是保存旧中国的首要条件，而当这种隔绝状态在英国的努力之下被暴力所打破的时候，接踵而来的必然是解体的过程，正如小心保存在密闭棺木里的木乃伊一接触新鲜空气便必然要解体一样"。

社会结构解体之后，社会向何处？没有现存答案。中国的发展处在十字路口。但从另一角度看，这是社会发展学说的密集生长点。探索新的社会结构便是一整个时代人们的历史任务。林则徐、魏源等人直观地看到船坚炮利与武装落后的差别，其方案限于"师夷之长技以制夷"；洋务派的活动也限于这个表层。他们还不可能承认封建社会结构解体，做着"以西学为用"来固封建之"体"的梦。太平天国的领袖们虽然也没有认识到这个层次，但他们已在战火中提出了新的社会结构，况且，还提出了带有资本主义色彩的《资政新篇》。康有为最先认识到社会结构必须要变，"能变则全，不变则亡；全变则强，小变仍亡"。他批评洋务运动"购船置械，可谓之变器，不可谓之变事；设邮政，开矿务，可谓之变事，而不可谓之变政"，"于去陈用新，改弦更张之道，未始有合也"。他主张学明治维新，实行由封建社会结构到资本主义社会结构的全变。孙中山最全面地提出了三民主义的社会结构重构。直到中国共产党把马克思主义普遍真理同中国革命实践相结合，走出一条社会主义道路，才算解证了中国社会变革的难题。

第二，国际共产主义运动中心由西向东转移，社会主义思潮涌入本土。1873 年西方主要资本主义国家遭逢空前深刻的世界性经济危机而没被击垮，跟随的是三十年的"和平发展"，与此形成反差，西方无产阶级革命日趋沉寂，国际共产主义运动处于分裂，第一国际解散；改良主义思潮日益兴盛；马克思主义在国际工人运动中的领导地位受到严峻挑战；工人运动深受工联主义禁锢，领袖们沉醉于"和平长入社会主义"。在国际风云变幻和无产阶级革命高涨的大形势下，国际共产主义运动东渐，表现为，国际共产主义与东方殖民地半殖民地国家民族解放运动紧密相联，开辟了新天地；中国的太平天国革命和印度大起义，拉开了东方民族解放运动的帷幕，得到马克思的高度评价；俄国民粹派提出俄国有可能不经过资本主义阶段而直接进入社会主义的假设，得到马克思的支持；东欧诸国的革命斗争受到晚年恩格斯的关注。而最伟大的标志是，俄国人民革命锻造了帝国主义与无产阶级革命时代的马克思主义——列宁主义。

按照列宁主义原理，中国处在帝国主义统治链条的薄弱环节，是无产阶级革命最容易取得胜利的突破口之一。这时期，大量知识分子向西方寻求真理，域外各种社会主义思潮纷纷涌入本土。太平天国时期，洪秀全不知社会主义为何物。但革命失败后，很可能有大量的革命者流落西方，同第一国际发生某种联系。作为参考资料，我们将李大钊一段话摘录下来："第一国际时代在法国有一个'天地会'的记录。这是一个中国人的第一国际的支部。会员以百万称，蔓延遍于全中国及印度。'天地会'是太平党人失败后所组织的革命的秘密集社，会员多数处于中国南部及南洋、印度、美洲各处。这个天地会与第一国际发生关系的事实，可以证明太平天国的革命是含有阶级性的民族革命，可以证明中国革命自始至终有世界无产阶级提携的需要与倾向。"日本明治维新后步入资本主义近代化，在亚洲最先吸收欧洲社会主义思潮。日本成为中国知识分子寻求真理的热点。20 世纪头 10 年，据日本教授实藤惠秀提供的资料，有 4 万多中国学生留日，形成当时世界史上规模最大的留学运动。众多的留学生成立了不少翻译团体，马克思主义、社会主义的作品也大量被介绍给国人。社会主义思潮涌入本土，促进了中国近代空想社会主义发展。

第三，后期进入新民主主义革命阶段。中国近代空想社会主义中的民生主义与中国的科学社会主义在新民主主义阶段共存，它们在国共合作的情况下共同指导了这一时期的革命。时间虽然不长，但却是中国近代空想社会主义繁盛发展的根本条件。

在旧民主主义革命阶段，孙中山及其革命党人屡战屡败，连连受挫，处于"孑然无助"的绝望状态。在这关头，十月革命开创了人类历史新纪元，五四运动表明中国无产阶级登上历史舞台；中国共产党诞生，更使民生社会主义有了新的生长点。孙中山由此意识到自己要"适乎世界之潮流，合乎人群之需要"。苏维埃国家在诞生之初，即宣告帝俄临时政府对外所缔结的"不平等条约"、"密约"一律"立即作废"。1919年 7 月，苏俄外交人民委员会首次对华宣言，表示无条件地放弃帝俄攫取的一切在华权益；1920 年 9 月，又重申对华宣言主旨；1923年初发表了《孙文—越飞联合宣言》，第一次平等规划了中苏之间的关系。苏俄对广东革命根据地给予精神和物质上的援助。中共对孙中山的支持和帮助，对民生主义具有重大意义。孙中山同共产国际的联系就是以李大钊为媒介的。中共的西湖会议确定了国共合作的具体方式；李大钊同孙中山商讨"振兴国民党以便振兴中国"，共产党人还参与孙中山主持的改组国民党会议；中共三大确定了国共合作原则；中共部分党员应邀参加了国民党"一大"。会上，孙中山确立了革命统一战线共同纲领，并以三大政策重新解释三民主义，从而达到了中国空想社会主义发展的最高峰。

近代空想社会主义的特征

第一，中国近代空想社会主义后来居上，比西方空想社会主义更多几分革命性、战斗性。

欧洲的空想社会主义，从莫尔算起有350多年历史，顶峰是19世纪圣西门、傅立叶、欧文的社会主义思想，它们批判了资本主义制度的全部基础，突破了前辈们平均主义和禁欲主义局限，提出了一些含有历史唯物主义萌芽因素的见解和有价值的构想，成为科学社会主义的直接思想来源。中国近代空想社会主义，不到一百年，比欧洲的空想社会主义更多几分革命性、战斗性：《天朝田亩制度》、民生社会主义，其基本原则都诉诸中国人民的一次或多次大规模的革命活动，不像欧洲空想社会主义那样，基本上是纯思辨产物，没有指导过大革命。康有为的大同社会主义倒是离实践太远，但其精神价值若同欧洲 18 世纪空想社会主义勃兴时的摩莱省、马布利、巴贝夫等人的成果相比，就要高出许多，比 19 世纪三大空想社会主义，某些方面也不差。孙中山的民生主义所达到与国际共产主义运动接轨，同中共合作、唤起民众的水准，则更是欧洲空想社会主义所不能比的。

上述后来居上的特点首先是国情造就的。如前所述，当时西方社会主义运动已趋沉寂，中国则处在帝国主义统治链条薄弱环节这一革命的突破口。理论创造的深度决定于实践对它提出的历史任务的性质及其提供的条件。此外，这与中国的历史特点也不无关系。斯大林说，在中国是武装的革命对付武装的反革命，这是一大特点，也是一大优点。欧洲空想社会主义只是把资本主义罪恶诉诸理性法庭，而不主张武器批判。而中国的洪秀全、孙中山则都走上了武装斗争道路，康有为倒是主张改良，可他也不似欧洲空想社会主义者那么痴迷，并且他的改良主张既不被人民认可，也不被反动统治者认可。

这种后来居上也是师承欧洲空想社会主义的结果。欧洲空想社会主义发轫在前，为人类积累了经验，中国近代空想社会主义跟随在后，在新条件下学习前人成果，加以发展，本该如此。

第二，中国近代空想社会主义不属于不成熟的无产阶级的革命理论，而是革命的农民和资产阶级的理论。根据马克思的界定，空想社会主义在阶级属性上属于不成熟的无产阶级的理论。但这一界定适合于欧洲，却不合于中国：太平天国的农业社会主义属于旧式农民阶级理论；康有为、孙中山的社会主义思想则属于资产阶级思想。

把这一特点与上一特点联系起来，就出现了一个饶有趣味的课题：中国非无产阶级的社会主义理论竟比欧洲不成熟的无产阶级的理论高出一等。这是由两个原因造成的：其一，中国当时需要资本主义发展。中国的无产阶级与中国的民族资产阶级需要共同反帝反封建，因而无论是在无产阶级登上历史舞台之前还是之后，资产阶级提出的社会发展理论只要有利于反帝反封建，都有现实作用，都能在一定程度上掌握群众。对中国农民阶级提出的社会发展理论，大致也可这样看待，不过自太平天国之后，农业社会主义就没什么后续内容了。欧洲的情形则表现出异质性，在那里是资本主义国家不成熟的无产阶级的理论不能揭示推翻资本主义制度的现实途径。况且，当资本主义发展到帝国主义阶段之后，那些国度的无产阶级还老在工联上兜圈子。其二，中国实际上堵死了资本主义通路，孙中山等虽然没有清晰地认识到这一点，但他们不自觉地顺应了这一规律，他们希望加以防范，回避西方资本主义国家的弊端，建立高于资本主义的社会。"中国空想社会主义的迅速发展是与对于资本主义弊病有所认识相联系的。对资本主义疑虑的不断增长，导致中国空想社会主义的迅速发展"，"从这个意义来说，空想社会主义的产生拉开了中国社会主义发展史的序幕，从此，中国人民开始了一个新时期——建立高于资本主义的理想社会时期"。

第三，中国近代空想社会主义虽然以欧洲空想社会主义和某些资产阶级理论为其思想来源，却又有自己独特的民族文化渊源。

首先，"天下为公"的"大同"观像一条红线贯穿于中国近代空想社会主义之中。

洪秀全在《原道醒世训》中以唐虞三代为楷模，承袭《礼记·礼运》描述大同社会："大道之行也，天下为公。选贤与能，讲信修睦，故人不独亲其亲，不独子其子，使老有所终，壮有所用，幼有所长，矜寡孤独废疾者皆有所养。男有分，女有归。货恶其弃于地也，不必藏于己；力恶其不出于身也，不必为己。是故谋闭而不兴，盗窃乱贼而不作。故外户而不闭，是谓大同。"康有为则著《大同书》表达其社会理想。孙中山更在不少著述中抒发大同之志，并以"天下为公"作为民国之座右铭。

其次，中华元典的民本思想对中国近代空想社会主义有着深远影响。

中华元典中民本思想涵义丰富，包括：视民众为国之根本；视民意为天意，民心为吾心；从民众中选贤举能；安民爱民等。它不属于近代民主范畴，但对近代中国人的民主意识有启迪作用。所以中国近代空想社会主义者都运用它，并力求对它进行近代重铸。《天朝田亩制度》中，贯彻了民心即天意，从民众中选贤任能、重视安民、重民，严禁轻民、贱民、害民的精神。《大同书》则把民本思想与西方人权观糅合在一起，作为立论依据。康有为甚至对《周易》中"群龙无首"加以发挥，说："群龙无首，以为天下至治，并君而无之，岂止轻哉。""群龙无首之义，必如瑞士之公议内阁，重议长而不立总统，乃为至关。"他竟把华盛顿同尧禹并提为"民主"楷模。孙中山在 1895 年 2 月拟订《香港兴中会章程》时，便从"民为邦本，本固邦宁"缘起，来阐发其民权思想，他的"扶助农工"也属安民、重民、为民做主之类。

像"大同"、"民本"这类观念，是构成中华民族传统文化的内核，有强大生命力，不可能不对政治家、思想家们起潜移默化作用。拿洪秀全来说，他是反孔的，却也不由得因袭儒说。这是因为，一种几千年积淀的社会思想，必然深藏于这个社会的人们心头，支配其运思。就连毛泽东这样伟大的马克思主义者，在抒发他的社会理想时，不也写下了"太平世界，寰球同此凉热"的诗句吗？显然"太平"、"大同"对他也有影响。孙中山早年受西方思想熏陶，开始时，较少顾及民族传统。1896 年他反省说："我之误处，误在专讲西学，即以西国之规行于中国，所有中国忌禁概不得知，故有今日之祸。"

第四，以农民的生存和发展为探索真理的焦点。近代中国不同于欧洲资本主义国家，后者在资本原始积累时期就已经完成了对农民的彻底剥夺，使其沦为无产者，使社会阶级简化为无产阶级与资产阶级。中国则不然，历史表明，农民不会拱手被绝对剥夺，每当地主阶级把土地兼并到一个极限，农民便揭竿而起。历史是人的历史，中国传统社会的历史主要是占人口大多数的农民创造的历史。农民只能被导入社会主义，不能被剥夺。中国近代空想社会主义者无论自觉与否，都顺应了这一规律，都围绕如何使农民摆脱剥削、压迫而上下求索。天朝田亩制度开了好头。《大同书》虽然不似天朝田亩制度那样在这方面引人注目，然"农不行大同则不能均产而有饥民"则体现了康有为对农民问题的重视。孙中山则盛赞太平天国的土地纲领，并把洪秀全视为民生主义先驱，说"民生主义即贫富均等，不能以富者压制贫者。但民生主义在前数十年已有人行之者，其人如何？即洪秀全是"。这一特征被中国的科学社会主义思想一脉相承下来。我们看到，中国共产党领导的新民主主义革命，一直是强调土地革命以解放农民。毛泽东说："中国有百分之八十的人口是农民，这是小学生的常识。因此农民问题，就成了中国革命的基本问题，农民的力量，是中国革命的主要力量。"①

---

① 《毛泽东选集》第二卷，人民出版社，1991，第692页。

二 科学社会主义在中国的传播和兴起

 社会主义学说在中国的早期传播

19世纪末，中国忧国忧民的知识分子探索社会进步的真理，学习和宣传西方各种社会学说，其中包括社会主义学说，在中国掀起一浪高过一浪的传播社会主义的热潮。中国社会主义思潮的发展，伴随着中国社会变迁的步履，艰难行进，留下了社会主义学说在中国早期传播的深重足迹。不过，早期社会主义传播的一个突出特点，是作为维新改良、社会革命的附属物被传入中国的，它不是科学社会主义学说，但又包括了科学社会主义的若干内容。总之，在黑云压城的旧中国，社会主义学说在中国的早期传播，洞开了中国思想界文化自觉、走向世界、走向近代的一重天地。

最先介绍西方社会主义学说的窗口

巴黎公社以后，有关共产主义、社会主义的只言片语在中国报刊、译著中时有反映。如傅兰雅译《佐治刍言》、《万国史记》、《富国策》、《时事新论》、《泰西新史揽要》等书，对共产主义、社会主义有一些解释，主要局限于平均、平等之类的意义。如：《佐治刍言》说，共产主义主张"一国产业必与一国人平分，会各人皆得等分方为公道"；《万国史记》说，社会主义"等男女之权，废世袭财产之法"，"主张四海兄弟，人民等同之说"，"欲使全世界为一大劳动公会，以废政府律法习惯等"，"平俸给，齐贫富"；李提摩太在《泰西新史揽要》中说，"其盖谓他人有何财物，我亦可以取用"，"如共有财物亦可任人通用，无稍吝惜"。

作为 19 世纪七八十年代中国人了解欧洲社会主义学说的窗口，首先要算是《西国近事汇编》和《万国公报》了。

上海的江南机器制造局，是从洋务运动中产生的中国最大的近代工业企业。它集合了一大批近代知识分子和翻译人才。从 1873 年到 1882 年初，该企业不定期出版刊物《西国近事汇编》，这在当时是中国人窥视世界现状的一个窗口。梁启超在他的《读西学书法》中不无激动地说："欲知各国近今情况，则制造局所译《西国近事汇编》最可读。"在这份刊物上，最早出现了"共产主义者"的译音："康密尼党"、"康密尼人"，概括社会主义学说为"主欧罗巴大同"、"贫富适均"和"贫富均财之说"。该刊刊载了由美国传教士林乐知、金楷理口述，蔡锡龄等笔述的不少文章，对西方资本主义国家各方面动态进行了报道。关于社会主义运动，主要是介绍均贫富的主张。譬如，介绍了西班牙瓦棱萨郭的阿勒蒯城及巴士罗拿郡及义斯德勒等各个工厂，将富室财产没收后公布出来，分发给贫苦人民，"以均有无"；报道了俄国有"奸民"倡导贫富均财之说，欲夺取富家资财，以济贫困；介绍了美国共产主义者（康密尼人）领袖梅戬在美"啸聚党人"、从事工人运动的活动；等等。

　　《万国公报》，其前身是 1868 年创刊的《教会新报》，它曾介绍过巴黎公社的活动；1873 年改名为《万

14173

图8　《万国公报》是中国最早介绍西
方社会主义的窗口之一

国公报》；1883 年停刊；1889 年复刊，改周刊为月刊，由基督教在上海的出版机构广学会主办。它是继《西国近事汇编》之后，又一个介绍西方社会主义运动的窗口。通过《万国公报》，中国人开始知道马克思其人其名及其学说。1899 年 2 月至 5 月，该报连载了李提摩太节译、蔡尔康撰述的《大同学》。它称马克思为"百工领袖"，讲求"安民新学"："其以百工领袖著名者，英人（应为德人）马克思也。马克思之言曰：'纠股办事之人，其权笼罩五洲，突过于君相之范围一圈。吾侪若不早为之所，任其蔓延日广，诚恐遇地球之财币，必将尽入其手。然万一到此时势，当即系富家权尽之时。何也？穷黎既至其时，实已计无复之，不得不出其自有之权，用以安民而救世。'""试稽近代学派，有讲求安民新学一家，如德国的马客伊（马克思），主于资本者也。"

1899 年 5 月，广学会校刊出版了《大同学》一书的单行本。这样，中国人不仅知道了马克思，而且也知道了恩格斯。它说，"德国讲求养民学者，有名人焉，一曰马克思，一曰恩格思（应为英国人）"，"恩格思有言，贫民联合以制富人，是人之能自别禽兽，而不任人簸弄也"。

从日本漂来科学社会主义思潮

19 世纪后半期，日本走上了资本主义的发展道路。从此，日本被纳入世界资本主义体系。日本与西方世界的文化交往也日益密切。大致在 19 世纪 70 年代，社会主义学说传入日本。1898 年，日本成立了社会主义研究会。后又在此基础上成立了社会主义协会。1901 年，片山潜、幸德秋水等人创建了日本社会民主党。随之而来的是，日本思想界出现了大量的社会主义翻译著作。1904 年，幸德秋水等人翻译了马克思和恩格斯的经典之作《共产党宣言》。它标志着日本在东方社会主义运动中走在前列。

中国与日本是一衣带水的近邻。自古以来，中日之间就有密切的文化交流。中国近代先进分子探索真理，也日益注视到日本思想界的新动态。维新变法以后，中国向日本派出的留学生日益增多，据研究，日本的中国留学生人数从 1901 年的 280 人激增至 1904 年的 1300 人。留学生队伍的壮大，为向日本学习社会主义理论，向中国介绍社会主义学说，创造了条件。

1901 年至 1905 年间，中国留日学生中形成了研习和翻译社会主义著作的热潮。其中主要有幸德秋水的《二十世纪之怪物帝国主义》、《广长舌》、《社会主义神髓》；乌井满都夫的《社会改良论》，福井准造的《近世社会主义》，恃地六三郎的《东亚将来大势论》，村井知至的《社会主义》，太原祥一的《社会问题》，西川光次郎的《社会党》，岛田三郎的《社会主义概评》，久松义典的《近世社会主义评论》和英国人克喀伯的《俄罗斯大风潮》等许多种著作。由此掀起了社会主义初始介绍中的高潮。其中，幸德秋水、福井准造、村井知至等人的著作关于社会主义学说的阐释，内容集中，观点明确，哲理深刻，因而在中国思想界影响很大。

1900 年 12 月，由湖北籍留日学生戢翼翚任社长主办的《译书汇编》杂志，首开留日学生译介社会主义运动及其学说的风气。1901 年 1 月，《译书汇编》创刊号登载了日本学者有贺长雄的《近世政治史》译文。该书介绍了社会党的由来、第一国际历史以及工人运动中的不同派别。在第一国际中，有麦克司（即马克思）与拉司来（即拉萨尔）两派。"然而主义各不相同。麦克司始在可伦开设报馆，倡均贫富之说，后为政府所不容，窜于伦敦"，于 1862 年，召集各国工人运动之首于伦敦，成立"万国工人总会"，议定总会规约，麦克司自任参事会长，总理事务。

图 9　幸德秋水像

幸德秋水（こうとく　しゅうすい）
(1871 ~ 1911)，原名传次郎，日本早期社会主义运动活动家、思想家。

1902 年 12 月，幸德秋水的《广长舌》，由中国国民丛书社翻译、商务印书馆出版。幸德秋水（1871～1911），日本社会主义运动著名的先驱者和组织者。19世纪末，他接受了马克思主义的基本思想，由激进的民主主义者转变为社会主义者。他的思想，对中国的民主主义者乃至中国早期的马克思主义者如李大钊产生了重大影响。《广长舌》，是宣传社会主义的通俗读物。全书分 32 篇，系统地介绍了社会主义的依据及其实现的必然性，社会主义的含义与理论体系，揭示了帝国主义走向衰落的历史趋势，驳斥了反社会主义的观点。商务印书馆在本书的发行广告中说："凡当今时势上最要之问题，包括无遗。欲知吾人今日世界之主眼，不可不读是书；欲探世界将来之影响，不可不读是书。"由此可以窥见当时中国知识界对本书的兴趣。

《广长舌》考察了世界体系的发展大势，认为 19世纪后半期，资本主义已经进入帝国主义阶段。由自由竞争主义转为资本合同主义，由资本合同主义转为世界社会主义，是历史发展的必然趋势，是人类历史进步的最终结果。它认为，帝国主义是世界社会主义的导火线，劳动者阶级必将组织世界社会主义以取代帝国主义，并扫除其一切毒弊。这是全世界人民共有的情感，共同的进步信念。《广长舌》依据马克思关于革命是历史进步的助产士的观点，认为，革命非但不是"不敬"，不是"谋叛"，不是"弑逆"，反而是"人类进步之急切关头"，是"世界之公理"。"革命之所在，即进步之所生"。它认为，革命的真正目的在于，"组织新制度，以更化旧制度"，也就是说，要彻底消灭拜金主义，消灭金钱主宰世界的力量，挽救堕落的社会；改革社会经济制度，使生产资本为社会公有之物。《广长舌》批驳了社会主义为"破坏主义"，社会党为"乱民"的反社会主义论调，阐明了社会主义的必然性及其崇高的社会理想，它指出，诬蔑的论调源于无知。这种论调不了解社会主义的"功用实质"，不了解它对于社会状态有急要适切的关系。它预言，"社会主义之发达，为二十世纪人类进步必然之势"。在主张对日本进行社会主义革命的改造的时候，幸德秋水还对社会主义的含义进行了解释："社会主义者，博爱也；社会主义者，一视同仁者也"；"社会主义者，决非如此过激暴乱也。社会主义者，决非继中央政府之无限权力者也"。"凡社会上的资本，皆为社会上民人共有之公物；其生产之利益，亦各分配公平，是则社会主义之主张也"。这是中国思想界比较早地接触到"什么是社会主义"的解说。

次年2月，广智书局出版了由赵必振翻译福井准造撰著的《近世社会主义》一书。全书分四编：第一编为"第一时期之社会主义——英法社会主义"，主要介绍了空想社会主义者巴贝夫、圣西门、傅立叶、欧文、卡贝、蒲鲁东、路易·勃朗等人的生平、著作及其学说；第二编为"第二期之社会主义——德意志的社会主义"，主要介绍了第一国际的历史，洛贝尔图斯与拉萨尔的生平与思想；第三编为"近时之社会主义"，主要介绍了无政府主义、社会民主主义、国家主义、基督教社会主义等思想流派的发展、演变及其社会主张；第四编为"欧美诸国社会党之现状"，分别介绍了英、法、德、美及中欧、东欧等国社会党领导工人运动的活动。该书计有16万字。是日本知识界当时影响很大、系统介绍社会主义思想及各国社会主义运动概况的著作。广智书局在1903年3月发布的出版广告称，本书的出版，对于中国社会而言，有两条密切关联：一是中国正在走向工业文明，将来也会面临欧美社会的难题，即劳动者问题，本书关于这个问题的解释详尽，可参考；二是中国也开始组织党派，但处于幼稚阶段，因而宗旨混淆，目的不明，常常误入歧途，有负众望，本书关于世界上影响很大的社会党与无政府党介绍最详，可供中国建党善择。"即此二端，此书之价值可知，有志者请急先睹"。可见中国社会急于了解欧美社会主义运动发展之一斑。

《近世社会主义》明确地批判了圣西门、傅立叶、蒲鲁东等人主张的社会主义是"空想的学理"和"儿戏的企图"，其实行也"实属梦想"，"故全然失败"。它对马克思的科学社会主义予以热情肯定。在逐一介绍了马克思主义的经典名著《自哲学上所见之贫困》（《哲学的贫困》）、《共产主义宣言》（《共产党宣言》）、《英国劳动社会之状态》（《英国工人阶级状况》）、《经济学之评论》（《政治经济学批判》）、《资本论》的写作情况与主要思想后，称赞马克思为"一代之伟人"，"其议论之精致，为天下所识认"。因他"为社会主义定立确固不拔之学说"，"故其势力，至今日而不衰"。它称赞马克思所阐发的社会主义，学识深远，思想精致，立论持据，最为坚固，"与从来之社会主义者，大异其趣"。它突出地介绍了《资本论》所阐述的劳动价值论、剩余价值论以及关于资本主义内部过程矛盾性的深刻剖析，对反马克思主义者攻击《资本论》的言论，予以坚决回击。它对《资本论》的科学价值，作了充分肯定："马陆科斯（马克思）之《资本论》，为一代之大著述，为新社会主义者发明无二之真理，为研究服膺的经典。"我们称马克思主义的著作为经典，就是从这时开始。

与此同时，广智书局还出版了周子高翻译的西川光次郎撰写的《社会党》一书。全书分前后两篇，文字简明通俗。前篇十四节，依次介绍了德国、比利时、荷兰、丹麦、波兰、俄国、奥地利、法国、意大利、西班牙、英国、波兰、美国、加拿大等国社会党和工人运动的发展状况；后篇介绍了瑞士各种社会保护、社会福利制度，将瑞士、新西兰称为"今日之世界上社会主义者之理想国"。书中介绍了科学社会主义的创始人马克思、恩格斯及其学生被列宁称为俄国的马克思主义之父的普列汉诺夫。但书中关于社会主义学说的介绍往往掺和了资本主义制度中的福利与保护主义。

1903年6月，文明书局出版了田村井知至所著、侯士绾翻译的《社会主义》。全书由十章组成。它认为，现实的社会问题虽多，但可概分为贫富悬殊，而私有资本是一切社会问题的根源。社会主义就是要废除私有资本，组成共有资本。它阐述了社会主义与劳工组合的关系，认为劳工组合是劳工为了保护其权利而针对资本家进行的联合运动。而这只是一时之策，要真正保全劳工的自由权利，只有实现社会主义的真正旨趣。因而只有社会主义，才是劳工阶级的靠山和救世主。

同年7月，幸德秋水出版了他的名著《社会主义神髓》。10月，《浙江潮》编辑所就出版了由达识译社翻译的中文本。此后还有多种中文译本。这是其时宣传社会主义学说中最重要的论著。全书分七章，它依据《共产党宣言》和《社会主义从空想到科学的发展》，阐述了科学社会主义的主要观点。它无论是在当时的日本，还是在当时的中国，都是一部水平最高的社会主义理论著作。

《社会主义神髓》概述了无产阶级贫困的原因、产业制度的变化、社会主义的主张与贡献以及社会党的活动。它分析了劳动者贫困的原因，说明了社会主义的本旨。劳动者贫困的根源在于没有土地和资本，只有出卖劳动力。因此，只有打破为地主和资本家服务的一切生产机关，为社会人民所公有，才可以实现社会主义。它分析产业制度的进化，资本家对工人剩余价值的占有和无产阶级与资产阶级的矛盾冲突，认为矛盾冲突的结果，是资产阶级不能驾驭社会生产力，无产阶级掌握现代生产力，排除旧的社会制度，造就社会全体的公益。它依据社会进化的公理，阐述了社会主义的必然性及其科学性主张。它认为，既然社会主义是资本主义生产方式发展到极点的结果，它是合乎社会进化公理的，因而社会主义的实现是必然的，其主张也是科学的。它从社会生产方式着手考察社会发展，依据社会发展的规律论考察资本主义社会，弘扬了科学社会主义理论。它阐释了革命与进化的关系，解释了社会党进行社会革命的必要性。它指出，社会党既不是无政府党，也不是虚无党，社会党运动的实际效果是可指日成功的。它认为只有马克思和恩格斯在《共产党宣言》里阐述的阶级斗争理论，才使社会主义"俨然成一科学，非若旧时之空想狂热也"。《社会主义神髓》还驳斥了斯宾塞、颉德等人对社会主义的攻击，阐述了社会主义的历史合理性。它指出，斯宾塞所谓社会主义制度是奴隶制度，颉德所谓社会主义制度的目的在于"禁绝"个人生存竞争，都是诬蔑之辞，是谬误。它指出，社会主义的制度不是奴隶制度，不是专制制度，而是平等社会，博爱社会，是恩格斯所说的"从必然王国进入到自由王国"。

总之，20 世纪初翻译日本的社会主义书籍，蔚然成风。它涉及马克思主义的唯物史观、剩余价值学说、阶级斗争理论以及社会主义原理。留日学生为中国思想界输送马克思主义，立下了汗马功劳；它为中国思想界注入了新的内容，指导了中国思想界在本世纪上半叶的演变方向。

维新改良派移植"社会主义"的中文译名

19 世纪 80 年代，从西方初步传来的社会主义思潮与工人运动，给探索真理的维新改良派知识分子以思想震动，对于他们的社会理想起到了重要影响。康有为在设计人类公理、阐发大同理想时，明显受到了社会主义思想的影响。1902 年，康有为撰《大同书》，由于得到 19 世纪 90 年代以来各种社会主义著述的深刻影响，其书在认识与理论上达到了时代的高度。西方生机蓬勃的社会主义运动，进一步感染了康有为对理想社会蓝图的设计。

康有为的学生梁启超，是维新派的思想巨子，在

图 10　梁启超像

梁启超（1873 年 2 月 23 日～1929 年 1 月
19 日），广东新会人，中国近代史上著名的政
治活动家、启蒙思想家、资产阶级宣传家、教
育家、史学家和文学家。戊戌变法（百日维
新）领袖之一。

变法失败后，他游历欧美，遍涉西方社会科学，其间对社会主义学说也表现出热忱。1902 年 10 月 2 日，梁氏在《新民丛报》上发表《干涉与放任》，他虽不恰当地把社会主义理解为约束个人自由的干涉主义，甚至误认为社会主义要合人群为一的机器，但他对干涉主义并不反感，认为中国要依靠它。"社会主义者，其外形若纯主放任，其内质实主干涉者也。……社会主义其必将磅礴于二十世纪也明矣"。虽然他不是一个社会主义者，但他对 20 世纪的社会主义运动是充满信心的。16 日，梁启超又发表了《进化论革命者颉德之学说》，因而成为第一个介绍马克思的中国人。他说：麦

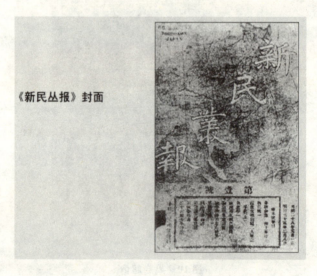

《新民丛报》封面

图 11　《新民丛报》封面

　　《新民丛报》是 20 世纪初资产阶级改良派的重要刊物。于 1902 年 2 月由梁启超创办于日本横滨。从创刊到 1907 年 11 月停办，前后近六年，共出版九十六期。这是梁启超宣扬在中国实行君主立宪、反对民主革命的重要阵地。

喀士（马克思），日耳曼人，社会主义的泰斗。马克思讲述资本主义社会的弊端，在于少数人强制多数人，少数人是强者，而多数人则是弱者。

次年 2 月，梁启超写成《中国之社会主义》，这是中国近代史上一篇较早地专论社会主义的文字。有趣的是，梁氏将社会主义予以中国传统文化的解释，从而开启用中国文化附会社会主义的先例。梁氏是这样认识社会主义的："社会主义者，近百年来世界之特产物也，概括其最要意义，不过曰：土地归公，资本归公，专以劳力为百物价值之原泉。麦喀士（马克思）曰：'现今之经济社会，实少数人掠夺多数人之土地而组成之者也。'"基于此，他对社会主义从中国历史的角度进行附会，把社会主义等同于中国古代的井田制与均田减赋政策。所谓"中国古代的井田制度，正与近世之社会主义同一立脚点"。在社会主义传入中国的初始时期，它就被纳入中国文化传统的视野，从而规范了社会主义思想在中国传播的另一种文化取向与发展轨迹。

这年底，梁氏在游美之后，发表了《二十世纪之巨灵托拉斯》，重申了他关于社会主义思潮产生原因的见解。虽然他看到了劳资贫富对立产生社会主义运动的根本动因，看到了"劳动贫民则主张社会主义"这一历史的本质现象，但他却把社会主义与资本主义的托拉斯相提并论，统统归结为集权与干涉，表现出他对社会主义学说理解的肤浅和随意。

在 20 世纪之交，改良派以《时务报》和《新民丛报》为阵地，发表了译介社会主义的大量文章，对这一历史时期的社会主义思潮起到了推波助澜的作用。当然，其主将就是上述的康有为和梁启超了。虽然维新派对社会主义表现出极大兴趣，甚至如梁启超以精通社会主义自居，但他们所鼓吹的社会主义并不具有科学形态，只是限于对社会主义的套语或某些零散片断的采撷，杂以中国传统社会的社会理想（如康有为设计的大同社会），注入他们的政治理想——政治改良主义，从而形成了一种非中非西、即中即西的社会主义理论——改良社会主义。不过，由于维新派对社会主义学说的敏感，因而他们是捷足先登的，对于"社会主义"一词的中文译名的拟定，就是其历史贡献。

"社会主义"一词传入东方，一般认为是日本学者用日文片假名译英文（society）、法文（societe）而创造的新词汇。最早见诸1870年加藤弘之的《真政大意》。中国思想界把它确定下来，经历了一段时间的变迁：起初在《万国公报》上译为"安民新学"、"养民学"、"安民之学"；后有康有为的"人群之说"、"合群之说"的译名；随后，梁启超兼采中、日文之意，把社会主义译为"人群主义"，后来，他在《进化论革命者颉德之学说》的注释中，说"社会主义即人群主义"，正是在此时，他从日文书刊上，把"社会主义"移植为中文。稍后，中国资产阶级革命派把社会主义译为"民胞物与之主义"、"太平大同之主义"、"民生主义"。但在思想上，多数人仍倾向将日文中的"社会主义"、"共产主义"移植过来。大约在1905年前后，这两个词就在中文书刊中约定俗成，逐渐通用开来。

应该指出的是，马克思主义的社会主义学说是科学社会主义，它与"社会主义"的翻译，是有区别的。1842 年，马克思在《共产主义与奥格斯堡"总汇报"》一文中，最早使用"科学社会主义"的概念与名词，在"社会主义"之前冠以"科学"，是为了区别 18 世纪兴盛起来的空想社会主义。一般说来，科学社会主义与社会主义是有区别的：科学社会主义包括的是无产阶级的思潮与派别；社会主义则可以涵盖许多资产阶级、小资产阶级的思潮与派别。

资产阶级革命派对社会主义思想的介绍

对于社会主义思潮的研究，资产阶级维新派虽捷足先登，而革命派却呈后来居上之势。毛泽东曾肯定中国资产阶级革命派对马克思主义及社会主义学说的传播："讲马克思主义，倒还是国民党在先。"在探索中国社会改造、发展的途径中，资产阶级革命派孙中山、马君武、朱执信、宋教仁、廖仲恺等人向西方探求真理，对社会主义学说有广泛接触，产生了浓厚的兴趣，著文述说，倡谈社会主义，从而在 1905 年掀起了比改良派的规模与声势更大的宣传社会主义热潮。当然，资产阶级革命派并不是要在中国搞社会主义，而是要借用一些社会主义的东西实现他们的社会理想。为了防止欧美资本主义的两极分化以及由此引发的社会弊端，胡汉民等人还把孙中山的"平均地权"、"土地国有"解释为社会主义的一个分支。

从 1905 年起，资产阶级革命派以《民报》为阵地，同以《新民丛报》为阵地的改良派就社会主义前途问题进行了激烈辩论。革命派借助社会主义学说关于社会革命的理论，批驳了维新改良派对社会革命主张的诘难。通过这次论战，使以社会主义理论权威自居的梁启超不能不明确他对于社会主义的最后态度，即由倡言社会主义到攻击社会主义。革命派曾指出了梁启超在理论立场上的重大变化：在 1906 年的《新民丛报》第 3 号以前，梁氏曾极力给中国社会介绍社会

图 13　民报是近代政论杂志，中国同盟会的机关报。1905 年（光绪三十一年）11 月 26 日在日本东京创刊。其前身是《20 世纪之支那》。

主义学说，但从此以后，则批判《民报》介绍社会主义，说"此主义在欧洲社会常足以煽下流"。

从 1903 年年初开始，资产阶级革命派为掀起社会主义理论的译文高潮，做了铺垫和准备。他们以《译书汇编》和《浙江潮》杂志、《大陆报》为基地，发表了大量有影响的文章介绍社会主义，从而招致了改良派的不满和攻击。

马君武在《译书汇编》上发表了有影响的文章《社会主义与进化论比较》，认为社会主义实在是现今解决社会问题的"最新公理"，它发源于圣西门、傅立叶，中兴于路易·布朗、蒲鲁东，极盛于拉萨尔、马克思。它介绍马克思的理论方法是：以唯物论解释社会历史，马克思曾说，阶级斗争是历史的钥匙。文章指出，社会主义与达尔文的进化论是有区别，但在许多方面是相通的。它最后附录了"社会党巨子所著书记"，如前列诸人的论著。对于马克思的著述，列具有：《英国工人阶级状况》（应为恩格斯）、《哲学的贫困》、《共产党宣言》、《政治经济学批判》、《资本论》。这是迄今所知中国人最早开列的一份马克思主义经典作家的书目。稍后，马氏还写了《圣西门之生活及其学说》、《佛礼几学说》两文，介绍法国的空想社会主义。他另在《大陆报》第 2 期上发表《唯物论二巨子学说》，介绍达尔文与马克思，认为马克思高于达尔文，"欲救黄种之厄，非大倡唯物论不可"。

1903 年 2 月，在东京创刊的《浙江潮》，对社会主义理论的介绍比较重视。在现存的 10 期中，共载有重要论著约 288 篇，其中介绍社会主义与社会党的文章就有 11 篇。1903 年出刊的《浙江潮》第 3 期发表了《最近之世纪大势变迁史》，第 8 期发表了大我的《新社会之理论》，都比较集中地论述社会主义。而大我的文章更介绍了马克思关于社会主义的一些原理和共产主义理论发展的历史。这时，作者尚不知马克思主义的科学社会主义与资产阶级、小资产阶级社会主义的区别，既称道马克思的共产主义学说，又赞同无政府主义的社会主张。

针对梁启超用中国传统文化对社会主义所作的附会，《大陆报》在 5 月发表《敬告中国之新民》的"论说"，认为梁氏把近世社会主义混同于先秦农家代表人物许行的主张，是在承认私有基础上反对剥削。它强调指出，社会主义是上世纪以来的社会热点，它是"大中至正、尽善尽美、天经地义、万世不易"的道理，哪里如同许行的学说？社会主义在过去是空想，在现在则正在实践中；今天虽然不能完全实行，但在日后则一定实行。它指出，梁氏喋喋不休于"大同"、"小康"之说，而毫不知社会主义为何物。这样，就揭穿了梁氏利用社会主义学说推行自己的"大同社会主义"、"小康社会主义"、推行维新改良之道的伪装。

1905 年 11 月，孙中山在日本创办了《民报》，在《发刊词》中，孙中山把中国革命与世界社会革命联系起来了，认为欧美虽强，其实民困，考察工人阶级运动与无政府党、社会党的迅猛发展可以预见"社会革命"将会马上发生。从此，《民报》成为其时宣传社会主义的重要阵地。

资产阶级革命家朱执信（1885～1920），在社会主义理论的译介中有突出的热情，作出了重要贡献，毛泽东肯定他是"马克思主义在中国的传播的拓荒者"。当然，他对社会主义的宣传，并不是要在中国实行科学社会主义，而是为了配合阐释孙中山的三民主义和民生社会主义（主观社会主义），宣传中国的社会革命。在1905年至1907年内，朱执信以蛰伸、悬解的笔名，在《民报》上发表了一些介绍欧美社会主义思潮的文章。

1906年1至4月，朱执信发表了《德意志社会革命家小传》一文，介绍了马克思和拉萨尔的生平及其学说，也涉及恩格斯和倍倍尔。其中着意介绍了《共产党宣言》的主要内容、剩余价值学说的要点。它明确表示，只要他们的学说行略，普遍传播于中国人脑中，那么，它对中国的社会革命就"犹有所资"。当然，在那时朱执信还不可能弄清拉萨尔主义同科学社会主义的原则区别，更不可能认识到拉萨尔主义不可能同中国社会革命产生多少直接的联系。

文章开宗明义，首先概述了德国社会主义运动和马克思主义学说的兴起，指出"社会的运动，以德意志为最，其成败之迹足以鉴者多"，因此要把德国的几位社会主义者介绍给中国同胞，作为中国社会革命的借鉴。

在对马克思学说的介绍中，着重解释了《共产党宣言》和《资本论》的主题思想。它紧扣中心思想，转述了《共产党宣言》的两条名言："以目前为止的一切社会的历史都是阶级斗争的历史。"（后来恩格斯修正为：自有阶级以来，人类社会的历史都是阶级斗争的历史）"共产党人不屑于隐瞒自己的观点和意图"。从而把《共产党宣言》的主要内容归结为十条：禁私有土地，而以一切地租充公共事业之用；课极端之累进税；不认相续权；没收移居外国及反叛者之财产；由国民银行及独占事业集信用于国家；交通机关为国有；为公众而增加国民工场中生产器械，且于土地加之开垦，更时为改良；强制为平等之劳动，设立实业军；结合农工业，使之联属，因渐泯邑野之别；设立无学费之公立小学，禁青年之执役于工场，使教育与生产之事为一致。它充分肯定《共产党宣言》对社会主义实践的指导意义："既颁布，家户诵之，而其所惠于法国者尤深"，"万国共产同盟会奉以为金科玉律"。它还肯定了马克思的《资本史》（《剩余价值学说史》）及《资本论》，认为这在"学理上之议论尤为世所宗者"，其学说指出了资本家剥削工人的实质。虽然作者总体上肯定马克思的社会主义学说，但又认为它有某种偏激。他还写了《论社会革命与政治革命并行》的文章，认为马克思的社会主义理论，是"科学的社会主义"，对马克思派的社会主义理论，表示推崇。

1906 年初，宋教仁结识了日本早期社会主义者宫崎民藏和俄国民粹派彼尔斯特基，受到了他们思想的影响，相继发表了《一千九百〇五年露国（俄国）之革命》与《万国社会党大会略史》等文。前文介绍了俄国 1905 年革命的状况和声势；后文概述了世界社会主义运动的发展和马克思的革命斗争，对社会主义革命学说极力赞许。他指出，自从社会革命学说出现了，将来世界社会问题就可以被解决了。辛亥革命前夕，宋教仁发表了关于社会主义的最重要论文《社会主义商榷》。文章有感于国人以社会主义为时髦而关心之、议论之，指出，何谓真正的社会主义，中国能否实行社会主义，这都是要认真讨论的。他指出社会主义有四个派别：无政府主义、共产主义、社会民主主义、社会改良主义。前两派否认现实社会之组织，否定国家，主张破坏现状，可称为极端的社会主义，要实行真正的社会主义，必须采取前两派；后两派则为稳和的社会主义或非社会主义，不能尊崇它。他把无政府主义与资产主义混为一谈，暴露了他在理论上的幼稚。

而叶夏生对社会主义的宣传则弥补了宋氏关于无政府主义与社会主义混淆不清之不足，他在《民报》发表《无政府党与革命党之说明》一文，阐述了无政府主义与马克思社会主义的区别。文章指出，无政府主义不仅与社会革命不同，而且与政治革命大相径庭。它认为，社会革命是基于社会主义之上的革命，同无政府主义比较，有确实的依据。无政府主义主张废除政府，社会主义则主张利用政府；前者轻蔑政治与法律；后者则维持"善良"之政府，平和而有秩序，倡导博爱。

廖仲恺则着力于对社会主义学说与运动的译介。他在《民报》上翻译了柏律的两篇文章《社会主义史纲》、《无政府主义与社会主义》，概述了社会主义思想的起源、发展和分期，对社会主义同无政府主义的本质区别进行了分析，初步涉及了社会主义思想的哲学基础。

应该指出的是，在 1905 年以后出现的社会主义在中国初期传播的高潮，在中国思想界产生了广泛而深刻的影响，因而资产阶级革命派受到马克思主义、社会主义的影响，不能看作个别现象。因为在那时，还有许多革命志士在考察中国社会变迁、论述中国社会革命之必需时，就运用了社会主义的理论与方法，如陈天华的《中国革命史论》、章太炎的《革命之道德》，等等，就是生动有力的证明。在那时，《民报》既是资产阶级革命派的思想大本营，又是社会主义思潮传播的主将。

无政府主义者对社会主义的介绍

在 19 世纪末 20 世纪初的中国思想界，无政府主义与马克思主义被许多知识分子看成都是社会主义的。由于中国最早的无政府主义社团是由同盟会的革命青年，特别是海外留学生成立的，他们具有反清的革命热情，具有追求自由、平等、博爱的理想，因而对马克思主义学说发生了兴趣，虽然他们对马克思主义的理解是肤浅的，但在介绍和传播无政府主义的同时，也宣传了社会主义的一些主张。

1907 年至辛亥革命，在中国传播无政府主义思潮的舆论中，有明显不同的两支：一是以李石曾、张静江、吴稚晖为代表的"新世纪派",主张以书报为宣传武器,"普及革命",传播科学知识,批判旧思想,开启民智,他们很少谈论马克思与社会主义;二是以刘师培为代表的"社会主义讲习会派",他们崇拜机会主义者巴枯宁,认为中国革命当以"农民革命"为主要内容,主张组织"劳民协会",进行"总同盟罢工"。抗租抗税,驱逐官吏,建立工农业相结合的"人类协力"社会,他们比较多地论及马克思及其社会主义,对于社会主义在中国的传播,起到了推波助澜的作用。

1907 年夏,刘师培（1884～1919）在东京与日本社会党人北辉次郎、和田三郎等有密切接触,在他们的影响下,热衷于无政府形态的社会主义。8 月 21 日,刘师培、张继等发起成立"社会主义讲习会",并出版《天义》半月刊,作为机关刊物,后又创办《衡报》,它们都以宣传无政府主义为职志。刘师培在成立会上宣称,其宗旨"不仅以实行社会主义为止,乃以无政府为目的者也"。日本社会主义理论家幸德秋水参加成立大会,并发表长篇演说,介绍了社会主义运动中马克思派和巴枯宁派的分歧,认为和平派属马克思,激烈派则属巴枯尔。他申述政府为万恶之源,号召中日两国相互支持,以促进无政府主义的实现。此会后易名为齐名社,但社会主义讲习社之名仍沿用。

《天义报》在宣传无政府主义的时候,也介绍过一些社会主义思想,包括马克思派的社会主义著作。

《天义报》第 4 期刊载过申叔的《社会主义学说发达考》,介绍了社会主义学说的发展轨迹;在第 6 期刊出的刘师培《欧洲社会主义与无政府主义异同考》一文中，误将《社会主义从空想到科学的发展》的作者恩格斯当成马克思。在 1907 年 12 月 30 日出刊的《天义报》第 13、14 卷，刊载了震述的《经济革命与女子革命》，文中附录摘译了《共产党宣言》第二章中关于家庭与婚姻的论述，并有一则关于《共产党宣言》"论妇女问题"的按语。1908 年 1 月 15 日，刊载了民鸣所译的恩格斯 1888 年《〈共产党宣言〉英文版序言》，刘师培在编者按中高度评价了《共产党宣言》和恩格斯的《序言》，认为：《共产党宣言》发明阶级斗争论，最有裨于历史。此序文所言，亦可考究当时思想的变迁。欲研究社会主义发达的历史者，均当从此入门。在春季出版的增刊（16～19 卷）上，连载了民鸣所译的《共产党宣言》第一部分，并刊登了刘师培所写的《序》。序文简述了共产主义者同盟的历史，虽从无政府主义的立场出发批评了马克思"共产学说"，但从总体上看，对社会主义的态度仍是积极的，他说马克思、恩格斯"均为社会主义大师"，颇有识见地评论了《共产党宣言》的政治意义与理论意义；《共产党宣言》所倡行的阶级斗争，有关万国劳动阶级团结，是"不易之说"；它对于历史学有巨大功劳，"讨论史编，亦不得不奉为圭臬"。

在本期增刊上，还刊登了《女子问题研究》一文，其中摘译了恩格斯《家庭、私有制和国家的起源》第二章关于家庭的几个片段。刊登了《社会主义史纲》以及齐民社同人译的《社会主义经济论》首章。译者高度评价了马克思的阶级斗争学说，认为，正像达尔文发明生物进化论一样，马克思和恩格斯关于阶级斗争的解说，"其功不殊，诚不诬也"。另有文章对马克思哲学同黑格尔哲学进行了比较，认为黑格尔哲学"涉于空漠"，而马克思哲学则"以科学为根据"，令人信服。

当然，无政府主义者对马克思及其学说的译介，是站在无政府主义的立场上的，其领袖人物刘师培则直言不讳地说："共产之制果能实行，则政府不必存，国家不必设。"他抨击社会主义主张政府论，会造成"一切权利为国家所垄断"，他断言，"社会主义的'弊端'"证明，"社会主义必有趋向无政府之一日"。他们宣扬社会主义，不过是借其理论力量为无政府主义鸣锣开道。尽管如此，他们对马克思主义及其社会主义在中国的初期传播，起过积极的历史作用。譬如，若干译文和评述，不仅是客观的，明晰的，而且也有一定的准确性，比洋务派、维新派对社会主义学说的介绍，高明了许多。

民国初年对社会主义学说的介绍与宣传

民国初年，社会主义在中国的宣传又出现新景象。这一新动向从辛亥革命前夕，一直持续到 1914 年。1911 年 12 月间，江亢虎曾说："近数月间，政界、学界、报界、实业界社会主义之名词，口耳相邮，笔舌互战，渐渐输入一般人头脑中。"此间出现的宣传社会主义热潮，仍是由中国资产阶级革命派推动的，从内

图 13　江亢虎像

江亢虎（1883~1954），江西弋阳陶湾人，
出身于仕宦之家，"中国社会党"领袖、政
客、汉奸；亦是著名学者。

容形式，它都具有新的姿态，从而促进了科学社会主
义在中国的进一步传播。

1911 年 8 月 9 日，江亢虎（1883~1954）在上海
成立了"社会主义研究会"，出版了机关刊物《社会
星》。江亢虎指出该会的宗旨是"研究广义的社会主
义"。11 月 5 日，受辛亥革命成功的巨大鼓舞，江亢虎
在社会主义研究会的基础上，成立中国社会党，宣称
自己是社会主义的政党。它不仅得到了国际社会党的
承认，在国内也受到了热情肯定。12 月 30 日，孙中山

在上海会见江亢虎时说:"余携来欧美最新社会主义名著多种",希望精通西方语言的人代为译述,刊行出来,作为"鼓吹之材料";他还在复信给中国社会党崇明支部地税研究会时说,江亢虎"发起社会主义,深具救世之婆心",使他不觉得为三民主义奋斗势单力薄。江亢虎在宣传单税社会主义和社会政策的同时,也从学理上解释了社会主义的渊源、流派和目标。

同年12月,江亢虎针对8月间宋教仁发表的《社会主义商榷》,在《社会》杂志上发表了《社会主义商榷案》。他解说了社会主义的名称、种类和作用。他指出,共产主义是社会主义的中坚,社会主义是因经济不平等而产生的,均产主义、集产主义的方法,都不如共产主义好,因此,共产主义可谓社会主义之宗;共产主义的作用,是从根本上改革现存的经济制度,将个人私有变为社会公有;至于实施的方法,又分为和平手段与激烈手段,使现有社会恶制度破坏无余,然后"重新改造、建设,虽毫不受历史与习惯之拘束,而纯由理想实现之"。江氏将社会主义同无政府主义、社会民主主义的明确区别,在当时已达到了一定的认识深度,比宋教仁更高出一筹。

1912年8月,江氏发表了《社会主义演说词》,他从四个方面分析说,中国容易提倡社会主义,"非实行社会主义不可";他从两个方面分析,中国"必须提倡社会主义"。但是,他所谓的实行社会主义,丝毫没有触及满足社会主义的经济条件,也不是运用唯物史观分析实行社会主义的条件的。因而,他所鼓吹的社会主义，同马克思的科学社会主义有很大距离。此后，江氏还在一些文章中宣传了社会主义。如在 1914 年的《社会主义学说》中，进一步阐述了"共产集产之名义及其区别"，说明了"无政府主义与共产主义根本上之冲突"。他认为，无政府主义与共产主义的根本冲突表现在理论上是不可以有同时并行之道，"以共产为目的，以革命为手段，实社会党人事，非无政府人事也"。虽然江氏在学习西方社会主义思潮中，也学会了科学社会主义的一些理论与方法，但江氏所主张的社会主义，就本质而言，是一种个人社会主义，单纯社会主义，它以个人为起点和归宿，而不是从社会和集体出发。

辛亥革命后，孙中山真诚地认为自己是"完全社会主义家"，他不仅"竭力赞成"江亢虎及其中国社会党的活动，而且四处讲演，宣传社会主义。民国成立后，他认为民族革命、民主革命已大功告成，只有民生革命仍很急切。他认为，民生主义就是社会主义。

1912 年 4 月 10 日起，孙中山在上海中国社会党本部作了 3 天讲演，讲述《社会主义之派别及批评》。这既是孙中山宣传社会主义最重要的文献，也是其时宣讲社会主义的集中体现。

孙中山在讲演中追述了 19 世纪初始以来的社会主义学说的历史，高度评价了马克思对社会主义的理论贡献。他认为，只有马克思，才使社会主义成为系统的学理，从此，"研究社会主义者，咸知所本，不复专迎合一般粗浅激烈之言论矣"。孙中山赞扬社会主义是利于人类进化的社会主义，他不同意简单地把社会主义归结为一种社会政策。他虽肯定社会达尔文主义的积极意义，但认为社会主义关于"人为"即"尽人所能"方面，比它更高明。孙中山考察了社会主义四大流派：共产主义、集产社会主义、国家社会主义、无政府主义，他认为社会主义只可分为两大派：一是集产社会主义，二是共产社会主义，前者包括国家社会主义，后者包括无政府社会主义。他对集产社会主义极有兴趣，奉为社会革命的上策。孙中山还解释了社会主义的经济学依据，认为经济学家亨利·乔治的经济学可与马克思的社会主义熔为一炉，互相补充；认为土地公有、资本公有的社会主义经济原理，是社会主义的"真髓"。在演讲中，孙中山还把社会主义同大同理想糅合在一起，形成了一种社会理想。不难看出，孙中山所宣讲的，是一种不同于科学社会主义的理论形态，即民生社会主义、主观社会主义，它不是建立在科学社会主义基础之上的，因而只能是一种空想。但是，应当看到，他对于马克思及其思想的介绍，在社会理想中强调产品公有、人人各得其所、协业操作、消除社会的不平等，追求真正的自由、平等、博爱的高尚愿望，具有合理的积极的因素，对于科学社会主义的传播是有意义的。

在民国初年的社会主义宣传中，社会党员王绁尘的作用十分突出，影响也大。1911 年冬，他赴上海参加江亢虎的中国社会党，创办和编辑该党绍兴支部的机关刊物《新世界》半月刊。王氏所主持的《新世界》是这一时期介绍马克思主义社会主义的主要阵地之一。

该刊发表了一些译介马克思主义经典著述的文章。如分5次连载了施仁荣翻译恩格斯写的《社会主义从空想到科学的发展》,从而使被马克思称誉为"科学社会主义的入门"书在中国得到了最初传播。在1912年6月第2期的杂志上,发表了他本人根据朱执信的《德意志社会革命家小传·马尔克》重新整理扩充的文章《社会主义大家马尔克之学说》,使人们更加深切地了解马克思的经历及其思想。在该文的"绪论"中,王氏热情地赞扬了马克思的伟大功绩和《共产党宣言》的历史意义,剖白了自己对马克思学说的景仰。他指出,马克思是全世界造时势的英雄,《共产党宣言》是20世纪社会革命的导火线,是大同太平新世界的原动力。

王缁尘运用对马克思学说的初步了解,撰写了一些有影响力的文章,批驳反社会主义的观点,划清了社会主义同社会政策的界限,这在当时是少见的。

王氏在《答亚泉》的文章中,联系中国社会的实际,驳斥了"学界泰斗"杜亚泉所谓"社会主义不宜行于中国"的论调,指出社会主义是中国救亡之"至计",他是最早提出只有社会主义才能挽救中国的第一人。他关于中国一切社会弊病并非任何改良政策所能医治,如果不从根本上解决,会归于无效的论说,关于实行社会主义废除私产,使一切资本生产机关尽归于社会,合社会之力,兴办实业,才是激烈竞争中"救亡之至计"的阐发,给五四时期的马克思主义者在社会主义论战中予巨大的理论启发。

王氏在《社会主义与社会政策》中，驳斥了学界名人钱智修宣扬社会改良、抵制社会主义的议论，阐释了社会主义同社会政策的区别。他指出，社会主义是社会改造，谋求全人类的永久幸福，社会政策是修补，是社会补救措施，他们的区别是革命与改良的区别。他明确指出，社会政策是无济于事的，只有直截了当地实行社会主义才有出路。他对钱氏攻击社会主义的论调，如违反人性论，不合政治和经济理论，不能成立论，违反分工律与进化论，违反人口论，违反政治范围论，等等谬论，予以有深度和力度的批驳。

王缁尘对社会主义的宣传，对反社会主义论调的有力批驳，是十分深刻的，代表了当时先进知识分子对社会主义理解的最高水平，在当时是罕见的，它在思想界具有承先启后的意义，初步揭开了五四时期社会主义论战的序幕。

 以科学社会主义为主要内容的社会主义思潮在中国的全面兴起

五四新文化运动，是中国近代史上的大事件，是中国社会发展的转折点。它对旧社会及其思想文化的批判，对社会发展的科学理论的抉择，规范了中国社会变迁的方向。科学和民主，中国传统社会不曾有过，它为中国走向世界、走向近代化所亟须；马克思列宁主义，是社会变革的科学理论，它能挽救积贫积弱的中国，使之自强于世界民族之林，它是中国发展所必需。五四时期，以科学社会主义为主要内容的社会主义思潮在中国全面兴起，在思想界激起绚丽的浪花。

《新青年》的创刊与新文化运动的兴起

辛亥革命失败后，中国思想界出现了封建思想泛滥的狂潮。尊孔读经、复古思潮、帝制复辟，使中国又坠入黑暗的深渊。鲁迅先生曾说："从二十世纪的开始以来，孔夫子的运气是很坏的，但到袁世凯时代，却又被重新记起，不但恢复了祭典，还新做了古怪的祭服，使奉祀的人们穿起来。跟着这事而出现的便是帝制。"中国的先驱者对"中国向何处去"的沉思，激发了新文化运动的兴起。

1915 年 9 月在上海创刊的《青年》杂志（1916 年 9 月改为《新青年》）揭开了新文化运动的序幕。《新青年》高举民主与科学的大旗、勇敢地冲击封建文化。在它的带动下，中国思想界很快掀起了介绍现代西方文化和马克思主义的热潮，形成了中国近代史上最为壮观的思想解放运动。从历史角度讲，它是近代以来兴起的"科学"、"西学"思潮的延续；从现实角度看，它直接是为了探寻辛亥革命失败的原因，回击甚嚣尘上的复古逆流而产生的。它为科学社会主义学说在中国的传播开辟了道路。由于新文化运动与 1919 年 5 月 4 日发生的反帝反封建爱国运动密切关联，因而又把它称为五四新文化运动。

《新青年》自创刊起，就以宣传社会主义为己任。

图14　1915 年 9 月，《青年杂志》（后改称《新青年》）在上海创刊，陈独秀任主编。《新青年》是在 20 世纪 20 年代中国一份具有影响力的革命杂志，在五四运动期间起到重要作用。该杂志发起新文化运动，并且宣传倡导科学（"赛先生"，Science）、民主（"德先生"，Democracy）和新文学。

继创刊词《敬告青年》后，陈独秀发表了重要文章《法兰西人与近世文明》。他认为，近世文明的典范，是西洋文明，在西洋文明中，其最大特征是变古之首，使人心焕然一新的三大学说："一曰人权说，一曰生物进化论，一曰社会主义也。"由于陈独秀这时还只是一个激进的民主主义者，因此，他理解的社会主义，只能是空想社会主义与科学社会主义的总汇。他说，在法国革命中，有巴贝夫主义，主张废弃所有权，实行财产共有制，但在当时未受到重视。19世纪初，社会主义盛行于法国。最有影响的是圣西门、傅立叶。他们主张，财产为社会所有，各尽所能，按劳分配，排斥违背人权的私有制，倡导建立新社会。其后数十年，出现了拉萨尔及马克思，他们的学说，是对前人的发扬光大。由于资本与劳动力之间的矛盾激剧发展，表现出近世文明不可补救的缺陷：政治不平等变为"社会不平等"，君主贵族压制变为"资本家的压制"，因此社会革命的呼声日益高涨。在他看来，"欲去此不平等与压制，继政治革命而谋社会革命者，社会主义是也"。从理论立场上看，陈独秀此时对社会主义的介绍，仍然是偏向于第二国际的社会改良主义的。

陈独秀冲破旧文化罗网束缚的呐喊，首先得到了李大钊的同情与响应。1916年5月，在日本留学的李大钊回到了北平。在留学期间，李大钊已经成为民主主义者，并初步接触了社会主义。李大钊的老师安部矶雄是一位社会主义者，他以社会主义立场讲授经济学，并对有关社会问题进行先驱性研究，深深地影响了李大钊。回国后，李大钊就参加了国内的新文化运动。在《甲寅》日刊上，他连续发表了《欧洲各国社会党之和平运动》的长文，介绍欧洲的民主社会主义运动，他说："凡持社会主义者莫不反对战争。"站在民主社会主义立场上对第一次世界大战的战争罪魁进行了抨击。接着，他又发表了《政治之离心力与向心力》的文章，认为近世文明，就是个性自由为中心的解放运动，"于是对于专制主义而有民主主义，对于资本主义而有社会主义"。在这时，李大钊对社会主义的介绍，也还不是科学社会主义的。

图 15 李大钊像

李大钊（1889 年 10 月 29 日～1927 年 4 月 28 日），河北乐亭人，北京大学教授，是中国共产主义的先驱，中国共产党的主要创始人之一。

虽然新文化运动所造就的思想解放运动，为社会主义在中国的进一步传播，拉开了闸门，但是，在新文化运动的前期，民主主义者对社会主义的理解、介绍，尚未产生质变。只有当十月革命传来的马克思主义为他们所接受后，他们成长为马克思主义者、共产主义战士后，社会主义的传播才具备了崭新的内容，中国思想界也出现了令人振奋的质变。

十月革命给中国思想界注入了新内容

1917 年 11 月 7 日（俄国旧历 10 月 25 日），在俄国爆发了震撼世界的十月革命。十月革命，推翻了资产阶级和一切剥削阶级在俄国的统治，建立了世界上第一个无产阶级专政的社会主义国家，开创了人类历史上新型的社会主义制度。十月革命，是马列主义的胜利，是科学社会主义的胜利。它开辟了人类历史的新纪元，改变了世界历史发展的方向。它极大地鼓舞了资本主义各国无产阶级的革命斗争，极大地鼓舞了殖民地半殖民地人民争取民族解放的斗争。

十月革命的消息，很快传到中国。11 月 10 日，上海《民国日报》就以"突如其来之俄国大政变"、"临时政府已推翻"的大字标题，向国人报道；次日，《申报》、《时报》、《晨钟报》等也作了类似报道。十月革命胜利的消息，在中国社会各阶层引起强烈反响。

十月革命，对中国思想界的深刻影响，正如毛泽东所指出："十月革命一声炮响，给我们送来了马克思列宁主义。"从而为中国思想界注入了新内容。十月革命前，中国先进的知识分子为了挽救民族危亡，历尽千辛万苦，向西方资本主义国家寻找真理，虽然他们也接触了社会主义学说，但没有学到科学社会主义系统理论；十月革命传来的马列主义，造就了中国第一代共产主义者。科学社会主义胜利的道路展示在他们面前，帮助了以李大钊、陈独秀为代表的先进中国人用无产阶级的世界观来观察国家和民族的发展命运，重新思考中国革命的问题，学习俄国，走俄国革命的道路。

成立革命团体，创办进步刊物，宣传科学社会主义，这是十月革命给中国社会造就的直接成果。

1918年6月，李大钊等人开始筹备"少年中国学会"。7月1日，李大钊发表《法俄革命之比较观》，欢呼十月革命的胜利。他说，俄国革命与法国革命，性质不同，"不可同日而语"。俄国十月革命是"二十世纪初期之革命，是立于社会主义上的革命"，它"非独俄罗斯人心变动之显兆，实二十世纪全世界普遍心理变动之显兆"，是"世界新文明之曙光"，中国革命必须"适应此世界的新潮流"。11月，他在《新青年》上发表了《庶民的胜利》、《布尔什维主义的胜利》两文，进一步热情歌颂了十月革命的胜利。他指出，帝国主义必然灭亡，共产主义必然胜利。"赤旗到处翻飞，劳工会纷纷成立，可以说完全是俄罗斯式的革命，可以说是二十世纪式的革命。像这般滔滔滚滚的潮流，实非现在资本家的政府所能防御得住的。……由今以后，到处所见的，都是布尔什维主义的战胜的旗。到处所闻的，都是布尔什维主义的凯歌的声。……试看将来的环球，必是赤旗的世界！"12月，陈独秀与李大钊创办了《每周评论》。它同《新青年》一道，成为宣传十月革命和马克思主义的阵地。由于李大钊与陈独秀等人最早接受马克思主义，因而他们成为中国最早的共产主义者，成为五四新文化运动中宣传马克思主义的领导者和组织者。

由于中国有了马克思主义者的领导，因而中国早期的社会主义传播进入自觉的阶段，科学社会主义学说的传播进入了一个崭新的时期。

五四以后，《新青年》是传播科学社会主义理论最有影响的刊物。为纪念马克思诞辰 100 周年，由李大钊主编，在第 6 卷第 5 号上刊登了"马克思主义研究专号"。其中影响最大的是李大钊的长文《我的马克思主义观》。文章系统地介绍了马克思主义的三个重要组成部分：唯物史观、政治经济学和科学社会主义，指出这三个部分"都有不可分的关系，而阶级竞争学说恰如一条金线，把这三大原理从根本上联络起来"。从五四运动到中国共产党成立，《新青年》发表介绍俄国革命和宣传马克思主义的文章多达 130 余篇，产生了强烈的社会影响。

从 1919 年 5 月 5 日起，《晨报》副刊在李大钊的具体帮助下，开辟"马克思研究"专栏，持续半年时间，发表了大量文章宣传马克思主义的论著和社会主义学说。在中国共产党成立之前，李大钊已经是最有影响的马克思主义理论家之一，他在《新青年》等刊物发表的《物质变动与道德变动》、《由经济上解释中国近代思想变动的原因》、《唯物史观在现代史学上的价值》等文，开始运用马克思主义的理论与方法观察和分析中国革命与中国历史问题，取得了突出的成绩。

五四运动以后，陈独秀积极开展宣传马克思主义的活动，也是有很大影响的社会主义宣传家。他在1919年12月出版的《新青年》第7卷第1号所写的《本志宣言》中肯定了五四运动的主要成果，主张"民众运动，社会改造"，指出了中国走社会主义道路的方向。在中国共产党成立之前，他写了大量的文章，如《马尔萨斯人口论与中国人口问题》、《劳动者的觉悟》、《上海厚生纱厂湖南女工问题》、《谈政治》等，

图16　陈独秀像

陈独秀（1879年10月9日~1942年5月27日），安徽安庆人，北京大学教授，新文化运动的发起人，中国文化启蒙运动的先驱，五四运动的总司令，中国共产党的创始人及首任总书记。

宣传马克思主义的剩余价值学说和阶级斗争理论，产生了广泛的社会影响。在为《共产党》第1号起草的短言中，他明确宣布："资本主义在欧美已经由发达而倾于崩溃了"，要"用革命的手段打倒本国外国一切资产阶级，跟着俄国共产党一同试验新的生产方法"；"只有被压迫的生产的劳动阶级自己造成新的强力，自己站在国家地位，利用政治、法律等机关，把那些压迫的资产阶级完全征服，然后才渴望将财产私有、雇佣劳动等制度废去"。他在《谈政治》中指出："我承认用革命的手段建设劳动阶级（即生产阶级）的国家，创造那禁止对内对外一切掠夺的政治、法律，为现代社会第一需要。"作为中国的马克思主义启蒙思想家，五四时期陈独秀的这些精辟论述，震荡在无数热血青年的心田。

"五四"以后，传播新思想的刊物，如雨后春笋般产生。其时约有200余种刊物，都在不同程度上宣传过俄国十月革命和马克思主义。

在湖南，毛泽东主编的《湘江评论》和《新湖南》是有影响的刊物。《湘江评论》从1919年7月14日至8月11日，共出版了5期。在《创刊宣言》中，毛泽东指出，"世界革命"、"人类解放"的运动，是什么力量也挡不住的。在《民众的大联合》中，他指出，俄国十月革命的胜利，就是民众大联合的胜利，广大人民要联合起来反对贵族、资本家的统治，仿效俄国的革命方法，实行中国民众的大联合。"我们总要努力！我们总要拼命向前！我们金黄的世界，光辉灿烂的世界，就在前面！"这篇文章在当时的思想界如石破天惊，影响深远，被成都《星期日》周刊和北京《又新日报》全文转载；上海《时事新报》作了转摘；《每周评论》、《新青年》、《新潮》、《晨报副刊》等推荐了这篇文章。《湘江评论》被查封后，毛泽东又创办了《新湖南》，继续宣传革命思想，抨击旧社会。

在天津，周恩来主编了《天津学生联合会报》，深受热爱真理的青年欢迎。周恩来在该报的《发行旨趣》中，热情歌颂了俄国十月革命后相继在日本发生的"米骚动"农民斗争、在朝鲜发生的"三一"独立运动等革命斗争，号召中国青年学生学习和研究十月革命后出现的新思潮。这份报纸在当时被称为天津的"曙光"，在外地也产生了重要影响，被称为"全国的学生会报冠"。他还主编了《觉悟》月刊，积极宣传马克思主义，讨论改造中国社会问题。

此外，还有由瞿秋白主持的《新社会》旬刊、由恽代英主持的《互助》和《我们的话》，由赵世炎主持的《少年》，以及上海的《星期评论》、杭州的《浙江新潮》等刊物，对于宣传马列主义和科学社会主义，起到了重要作用。

"五四"以后，传播新思想，研究中国社会改造的社团，也纷纷成立，对于科学社会主义在中国的传播，起到了推动作用。

1920 年 3 月，在李大钊指导下，由邓中夏等人秘密发起，在北京大学成立了"马克思学说研究会"。这是中国第一个研究和宣传马克思主义的进步社团。同年冬，李大钊又在北京大学组织了"社会主义研究会"。1920 年 5 月，陈独秀等在上海也组织了"马克思主义研究会"。此外，1920 年 7 月，毛泽东在长沙成立"文化书社"，经销宣传马克思主义的书刊。此外，还有周恩来组织的"觉悟社"、赵世炎组织的少年学会、邓中夏组织的平民教育团，等等。进步社团的组织，为马克思主义、科学社会主义在中国的全面传播，起到了组织保证。

"五四"以后，马克思主义的经典论著得以比较系统的翻译出版，使科学社会主义的传播有了深度和力度。马克思主义的著作有：《社会主义从空想到科学的发展》、《雇佣劳动与资本》、《〈政治经济学批判〉序言》、《〈资本论〉初版序言》和《反杜林论》第三编第一部分等；列宁的著作有：《无产阶级专政时代的经济和政治》、《从破坏历史的旧制度到创造新制度》、《苏维埃政权当前的任务》、《俄国的政党和无产阶级的任务》、《在全俄经济委员会的演说》、《俄罗斯的新问题》以及《国家与革命》等书的一部分；也有介绍马克思主义的论著：如考茨基的《马克思资本论解说》、《阶级斗争》、马尔西的《马克思资本论入门》、《马克思经济学说》、刻卡朴的《社会主义史》，等等，特别是这时出版了《共产党宣言》第一个中文全译本。该书由陈望道翻译，1920 年 4 月在上海由马克思主义研究会出版发行。马克思主义著作译介后，成为各地共产主义小组的必读物，在广大进步青年中流传。它成为中国最早的马克思主义者研究中国社会、同反马克思主义思潮作坚决斗争的理论武器。

总之，十月革命后从俄国传来的科学社会主义，培育了中国马克思主义者，促进了马列主义在中国的全面传播，在中国思想界造就了一股锐不可当的思想洪流，荡涤着人们的主观世界。科学社会主义在五四新文化运动中的全面传播、系统宣传，就成为中国伟大的共产主义运动的开端。

对小资产阶级、资产阶级社会主义思潮的批判

五四时期，社会主义成为中国思想界的时髦名词。周佛海曾说："谈社会主义的杂志很多，虽其中也有短命的，但是都似乎有不谈社会主义，则不足以称新文化运动的出版物的气概。"这是对当时情况的极生动写照。五四运动以后，以陈独秀、李大钊为主将所传播的科学社会主义成为中国思想界的主旋律，但西方其他各种社会主义思潮也相率来到中国。如第二国际的"议会社会主义"、圣西门、傅立叶、欧文的空想社会主义、无政府主义的"互助论"、托尔斯泰的"泛劳动主义"、英国的"基尔特社会主义"，以及类似欧美勤工俭学习俗的"工读主义"或"工学主义"，等等。具有初步共产主义觉悟的中国早期马克思主义者，对小资产阶级、资产阶级的社会主义思潮进行了严厉批判，加强了科学社会主义在中国传播的深度。

在各种小资产阶级的社会主义派别中流行早而广，影响深且重者，要算无政府主义了。如前所述，"五四"以前，无政府主义在中国思想界就曾十分红火，

很有市场；"五四"后，无政府主义思想在小资产阶级知识分子中有了进一步发展。在北京大学，就曾有"实社"、"奋斗社"等无政府主义组织，出版了《自由录》、《工人宝鉴》、《进化》、《奋斗》等刊物，上海、广州、长沙、武汉、南京、常熟等地也曾出现过类似的团体和刊物。在那时，无政府主义有广泛的思想影响。即使中国早期共产主义者，在从民主主义向社会主义转变过程中，也不能不受到无政府主义的影响。刘少奇曾说："在起初各派社会主义的思想中，无政府主义是占着优势的。"

虽然无政府主义思潮在中国的泛滥中，对科学社会主义的早期传播做过一些有益工作，但它毕竟是与科学社会主义相敌对的小资产阶级的反动政治思潮。中国的无政府主义者从西方搬来无政府主义学说，首先是支离破碎的，没有严密的理论体系；其次是中西附会的，将西方的无政府主义学说同中国古已有之的老庄思想、出世主义等掺杂在一起，把"无政府共产主义"同先秦儒家"大同"思想糅合在一起。在无政府主义思潮中，包容了西方几种有影响的学说：施蒂纳的"无政府个人主义"、蒲鲁东的"社会的无政府主义"、巴枯宁的"团体的无政府主义"、克鲁泡特金的"无政府共产主义"，等等。其中居于盟主地位的是克氏的主义及其"互相论"。无政府主义的世界观和理论立场是资产阶级的世界观和阶级调和论，他们打着反对国家、反对政治和权威的旗号，大肆宣扬"个人万能"，鼓吹绝对自由主义。而对无政府主义思想的泛滥以及他们对马克思主义和科学社会主义的攻击，陈独秀、李大钊、李达、蔡和森等中国早期共产主义者，进行了坚决的批判和迎头痛击。

针对黄凌霜、区声白等无政府主义者抽象地反对一切强权的国家，尤其是集中攻击无产阶级专政学说的观点，中国早期共产主义者依据科学社会主义予以驳斥，指出国家是阶级支配的一个机关，是一定社会历史阶段上的产物，是阶级矛盾的结果，政权有反动与进步两种性质，无政府主义反对资产阶级强权是对的，而反对无产阶级强权则错了；无产阶级专政的目的，是要最后消灭阶级。针对无政府主义所鼓吹的极端个人主义与绝对自由论，中国早期共产主义者予以严厉批判，指出，只有社会的自由，才有个人的自由，离开了社会的自由，个人的"绝对自由"是不存在的；离开社会的环境，"绝对自由"是行不通的。针对无政府主义对社会主义"按劳分配"原则的责难和对绝对平均主义的鼓吹，中国早期马克思主义者驳斥了他们在生产和分配理论上的荒谬，指出：马克思主义认为实现社会主义并不是要打破集中的大生产，而是要改变生产资料的资产阶级所有制，而如果按照无政府主义的观点将"生产机关委派给个人"，必然使社会发展向后退；马克思主义认为在生产力发展水平不高的条件下，各人消费的自由得其平等，是绝对办不到的。如果社会的生产力发达到无限制的程度，生产物十分丰富，取之不尽，用之不竭，那么"各取所需"的分配原则是可以实行的。经历从 1920 年到中国共产党成

立的约一年多的论战，无政府主义思潮在中国思想界
败下阵来，马克思主义、科学社会主义取得了胜利。

在小资产阶级社会主义思潮中，除了无政府主义
以外，还曾流行过从隔海相望的日本舶来的武者小路
实笃的新村主义、托尔斯泰的泛劳动主义和无抵抗主
义、工读主义和工学主义、合作主义，等等。由于它
们穿着社会主义的迷彩服，曾被人们当做社会主义的
流派予以崇信。因此，理所当然地要受到中国科学社
会主义思潮的批判，使他们退出思想舞台。

就在中国早期共产主义者向中国指出十月革命的
道路、主张用科学社会主义改造中国的时候，资产阶
级知识分子却依然做着资本主义和改良主义的美梦，
继续从欧美长途贩运资产阶级的社会、政治和哲学思
想，把他们作为解决中国社会问题的指针。为了抵制
科学社会主义在中国思想界全面展开的势头，他们也
不能不用"社会主义"作为招牌，予以抵制。对于资
产阶级穿着社会主义外衣所主张的改良主义，不能不
招致中国早期共产主义者的猛烈批判。

同资产阶级改良主义的论战，分为两个阶段：第
一阶段，是从 1919 年 7 月至 1920 年 11 月，以"问题
与主义之争"为主要内容的论战。

1919 年 7 月，新文化运动的右翼代表人物胡适借
美国实用主义哲学家杜威来华讲学之机，在《每周评
论》第 31 号上，发表了《多研究些问题，少谈些主
义》的文章。8 月，李大钊迎头回击，发表了《再论
问题与主义》的文章。这样，一场关于"问题与主义"

社会主义思潮史话

的论战展开了。

中国早期的马克思主义者通过论战，解决了两个问题：一是中国需要马克思主义还是实用主义。李大钊指出，"问题"与"主义"有不可分离的关系，解决"问题"离不开"主义"，社会上多数人如果没有一个共同的理想、主义，就永远没有解决"问题"的希望；他认为，布尔什维主义的流行，实在是世界文化上的一大变动，应该研究它，介绍它，把它昭示给全世界。针对胡适所谓"外来进口的主义是没有什么用处的"、"是很危险的"论调，李大钊断言：研究与宣传社会主义是完全必要的；要改造中国社会，必须依赖马克思主义理论做指导。二是关于中国问题的根本解决，是社会革命。李大钊指出，经济，是解决社会问题的根本。经济问题一旦解决，什么政治问题、法律问题、家族制度问题、女子解放问题、工人解放问题，都可得到解决。要解决经济问题，必须运用阶级斗争。针对胡适所谓中国的问题必须一个一个地研究、一点一滴地改良，反对用革命的方法根本解决问题的观点，李大钊指出，除了马克思主义的革命论，什么也不管用。

通过"问题"与"主义"的论战，从根本上划清了马克思主义与改良主义的界限，驳斥了改良主义的政治主张，扩大了科学社会主义在中国思想界的影响。

后一阶段，从 1920 年 11 月到中国共产党成立，是关于社会主义的辩论。中国早期共产主义者同以张东荪、梁启超为代表的反动观点，进行激烈论战。论战是由"研究系"（民国初年由进步党所演变出来梁启超、汤化龙所把持的宪法研究会，习称研究系。它曾自认是那时的一种社会主义派别）的代表人物张东荪挑起的。经历了两个回合。1920 年 11 月 6 日，张东荪在《时事新报》上发表了《由内地旅行而得之又一教训》，公开打出了反对社会主义的旗号。他的文章马上遭到了马克思主义者与同情马克思主义的知识分子的反对。次日，李达在上海《民国日报》"觉悟"副刊发表《张东荪现原形》，陈望道也发表《评东荪君底"又一教训"》，接着，又有邵力子的《再评东荪君底"又一教训"》。张东荪招架不住猛烈的反击，便求救于来华讲学的罗素，发表《大家须切记罗素先生给我们的忠告》。此时，陈独秀也参加进来，编辑了《关于社会主义的讨论》，发表于 12 月 1 日出版的《新青年》，李达在 12 月 7 日出版的《共产党》第 2 号上发表《社会革命的商榷》。张东荪便在 12 月 15 日出版的《改造》上再发表《现在与将来》，并写信求救于梁启超，而他本人则准备退出论战。这是第一个回合。1921 年 2 月 15 日，改良派老将梁启超响应张东荪，在《改造》上发表《复张东荪书论社会主义运动》。李达以梁氏为论敌，4 月在《新青年》发表《讨论社会主义并质梁任公》，而使论战进入第二个回合。经过这一回合的激战，这场"社会主义辩论"以马克思主义派的全胜而告终。社会主义的大论战，是民国前后资产阶级革命派与改良派关于社会革命与社会主义论战的深化和继续，它要回答中国社会的发展究竟应该走资本主义还是社会主义的问题。

这场论战，对科学社会主义在中国社会的全面而深入地传播，对于中国共产党的成立，起到了十分重要的作用。

社会主义大论战取得了以下理论成果：首先，明确回答了中国社会的出路问题。研究系代表一方面认为社会主义必胜，资本主义必倒；另一方面，又认为中国不具备社会主义的条件，其出路是"只有提倡资本主义"。中国早期共产主义者认为，在世界资本主义体系下，发展中国的资本主义，是"糟到极点"的"空想"。他们在明确回答中国不可能走资本主义的路的同时，指出只有社会主义才是真正的"开发"实业的方法。其次，明确回答了中国问题的解决方法不是调和阶级矛盾的改良主义，而是社会革命。研究系代表极力歪曲中国社会的阶级关系，主张阶级调和，反对阶级斗争；美化资本家，提倡"温情主义"，主张通过改良主义缓和阶级矛盾。中国早期共产主义者则从理论到实际状况分析了调和劳资间阶级矛盾的改良主义方案是行不通的；明确表示中国只有走俄国十月革命的道路，即运用"劳农主义的直接行动，达到社会革命的目的"，才是出路。再次，明确提出要在中国建立工人阶级的政党。针对研究系代表放肆地宣传中国没有真正的劳动阶级，不能建立工人阶级的政党，也不能进行社会革命的谬论，中国早期的共产主义者则根据大量的事实，指出中国没有真正的劳动阶级之说不能成立，并依据中国社会的具体情况论证了建立无产阶级政党的必要性与迫切性，号召"结合共产主义信仰者，组织巩固之团体，无论受国际的或国内的恶势力的压迫，始终为支持共产主义而战"。

关于社会主义的论战，是从 19 世纪 70~80 年代直至 20 世纪 20 年代中国共产党成立时，社会主义在中国传播的最后一声回响，也是最激烈的、最有震荡力的一声回响。科学社会主义在同一切小资产阶级、资产阶级社会主义反动思想的论战中，取得了胜利，并成为中国工人阶级先锋队——中国共产党的理论基础与思想指导，中国社会主义革命由此探索出一条不断走向胜利的道路。在中国共产党成立以后，科学社会主义学说又得到进一步的传播，但主要是体现为如何将科学社会主义中国化，即解决中国革命道路的问题。因此，自中国共产党成立以后，科学社会主义在中国打下的烙印，其走向同以前相比，又有明显的不同。

 3 科学社会主义在中国早期传播的社会历史条件

从 19 世纪 70~80 年代至 20 世纪 20 年代中国共产党成立，科学社会主义从西方传入中国，并由涓涓细流终于汇合成汹涌澎湃的洪流，是有其深刻的社会历史原因的。

科学社会主义在中国早期的传播，是中国近代社会变迁的结果

1840 年的鸦片战争，使中国开始步入半殖民地半封建社会的历史轨道。在西方列强的坚船利炮面前，中国传统社会的文明丧失了往日的优越性，不断被动挨打。继《南京条约》后，《马关条约》、《辛丑条约》等一系列不平等条约的签订，中国社会一步一步坠入半殖民地半封建社会的深渊。河山破碎，民不聊生，满目疮痍，正是中国近代社会的惨景。为了反抗外国殖民主义与帝国主义列强，为了反抗本国封建主义的腐朽统治，先进的中国人"开眼看世界"，探索中国致强之道，把寻求真理的目光瞄准了西方。毛泽东指出："自从1840年鸦片战争失败那时起，先进的中国人，经过千辛万苦，向西方国家寻找真理。洪秀全、康有为、严复和孙中山，代表了在中国共产党出世以前向西方寻找真理的一派人物。那时，求进步的中国人，只要是西方的新道理，什么书也看。"[①] 在中国社会变迁的每一阶段，每一重大历史关头，先进的中国人服务于救亡图存这一社会主旋律，对西方的"什么书也看"、引进西方哲学社会科学的各种思想流派、各种学说主张。其中，自然少不了马克思主义及其科学社会主义学说。中国社会变迁的历史表明，没有中国社会的坎坷与奋进，就没有科学社会主义在中国的早期传播。

　　科学社会主义在中国早期传播的历程明显地分为两个阶段。前一阶段，是从19世纪70~80年代到1919年五四运动前，科学社会主义的传播主要依附于资产阶级维新派、革命派对西方资产阶级社会思想的介绍，这是科学社会主义思想在中国发展的自发阶段。

---

　　① 《毛泽东选集》第四卷，人民出版社，1991，第1469页。

后一阶段，是从五四运动到 1921 年中国共产党成立，时间虽短，声势与规模却比此前半个世纪的总和还要多得多，其成果更是无可比拟。随着中国无产阶级登上历史舞台，中国早期共产主义者的产生，科学社会主义的传播进入自觉阶段，即它明确地、直接地服务于中国无产阶级所主张的社会革命运动。科学社会主义在中国早期传播的历史表明，它是中国社会变迁的直接结果。

科学社会主义在资本主义社会所表现出来的巨大理论魅力与社会影响力，对中国近代社会产生了强劲的吸引力

19 世纪 40～50 年代，马克思和恩格斯在建构马克思主义的伟大体系时，创立了科学社会主义学说。科学社会主义解剖了资本主义社会的基本矛盾与主要矛盾，分析了资本主义必然灭亡，社会主义必然胜利的历史规律与社会前景，为 19 世纪中期汹涌澎湃的国际无产阶级工人运动和社会主义运动提供了理论指导，促进了国际共产主义运动的兴盛。法国巴黎公社以及后来的全国性社会主义运动，德国的无产阶级革命与社会主义运动，特别是十月革命的胜利，都是科学社会主义学说的结果。科学社会主义学说能在西方世界的变迁中掀起巨澜，对于在黑暗中苦斗的中国资产阶级维新派、革命派、中国无产阶级早期革命派来说，是在探索社会变革之道的失败与挫折中所看到的一线曙光。先看资产阶级维新派。1903 年，梁启超游历西洋，他惊奇而仔细地观察了马克思主义学说在社会主义信仰者中的威望："其于麦客士（德国社会主义之泰斗）之著书，崇拜之，信奉之，如耶稣人之崇信新旧约然。"他认为，由于社会主义对人们有如此巨大的吸引力，社会主义必然"蔓于全世界"；"近来所谓国家社会主义者，其思想日趋于健全，中国可采用者甚多，且行之亦有较欧美更易者"。再看资产阶级革命派。1906年，朱执信在《德意志社会革命家小传》中说：在法国，《共产党宣言》泽惠甚深，"家户诵之"，"学者宝之"；在国际共产主义运动中，人们"奉以为金科玉律"。在1912年6月述译的《社会主义大家马尔克之学说》中，他说：国际共产主义运动在全世界发展壮大，全人类多数人聚集在马克思的旗帜下，由于《共产党宣言》，马克思是"全世界之造时势者"，而《共产党宣言》则是"二十世纪社会革命之引导线"，"大同太平新世界之原动力"。然后再看看无产阶级革命派。瞿秋白感触地说："社会主义的讨论，常常引起我们无限的兴味，然而究竟如俄国19世纪40年代的青年思想似的，模糊影响，隔着纱窗看晓雾，社会主义流浪，社会主义意义都是纷乱，不十分清晰的。"十月革命，更是深深地吸引住他。1920年10月，瞿秋白借任《晨报》驻莫斯科特派记者之机，决心赴苏俄实地考察。他怀着"担一份中国再生时代思想发展的责任"之心情，去寻找真理，"为大家辟一条光明的路"。由此可以窥见，在中国共产党出世前半个世纪间，先进的中国人在探索社会变革的屡屡挫折中，对科学社会主义在西方的吸引力是如何的惊奇与欢喜！他们怎能不满怀激情地学习它、译介它、传扬它呢?！总之，没有那50余年间科学社会主义在西方世界的震荡，没有那时先进中国人探求真理的曲折，科学社会主义在中国得到早期传播，是不可思议的事。

在中国共产党成立前夕，科学社会主义最终为中国人民所选择，在与各种反动思想的论战中取得胜利，是近代以来先进中国人向西方寻找救国救民真理的最终的也是最成熟的结果。

十月革命一声炮响，给我们送来了马列主义。正是革命的炮声，惊醒了在曲折、屈辱中挣扎、奋斗的近代中国人，他们对中国革命与世界革命的形势与走向作出了科学的判断，从而适应了世界无产阶级革命的新形势和新潮流。中国革命也从此走上为社会主义而奋斗的道路。可以说，没有十月革命，中国人民还会在社会政治学说的复杂选择中苦闷和彷徨，根本谈不上真正认识和接受科学社会主义。

三 科学社会主义与中国革命实践的结合

中华民族以拥有辉煌的高度发展的古代文明而著称于世。但是到 19 世纪却走向衰落，资本主义列强用大炮、鸦片和廉价商品打开了中国的大门，使中国一步步坠入半殖民地半封建社会的深渊。中国是在首都北京被八国联军占领的奇耻大辱中进入 20 世纪的。中国人民遭受着帝国主义和中国封建势力的双重压迫和剥削。十月革命的胜利，科学社会主义的传入，使中国人民看到了振兴民族、摆脱灾难的曙光。中国的革命志士和人民大众经过反复的比较和选择，论争和求索，终于认识和接受了科学社会主义理论。中国共产党的诞生，是科学社会主义理论在中国结出的第一个最重要的成果，有了实现自己的物质力量。毛泽东指出："马克思列宁主义的普遍真理一经和中国革命的具体实践相结合，就使中国革命的面目为之一新，产生了新民主主义的整个历史阶段。"同时，以毛泽东为代表的中国共产党人在把马克思主义的基本原理同中国实际相结合的过程中，丰富和发展了科学社会主义理论，创立了毛泽东思想，指导中国革命取得了历史性胜利，在我国建立了社会主义制度，实现了科学社会主义由理论到现实的转变，终于使中国走上了振兴发展的正确道路。新中国成立后，又开始了对社会主义建设道路的艰辛探索，在总结历史和现实的正反经验基础上，不断地推进科学社会主义理论的发展。

科学社会主义与中国共产党的创建

马克思和恩格斯创立的科学社会主义学说，是19世纪40年代人类思想史和社会学说史上发生的划时代的伟大革命。科学社会主义的创立，为无产阶级和人民群众的解放斗争提供了科学而强大的思想理论武器和奋斗目标。

从思想体系上说，科学社会主义是无产阶级的革命科学，是人类思想史上最严整最科学最革命的思想体系，是无产阶级的世界观。从广义上说，它就是马克思主义。列宁曾多次把科学社会主义与马克思主义用为同一概念。恩格斯也明确指出我们的理论"是以科学社会主义为其理论终结的"。从狭义上说，科学社会主义是关于无产阶级解放斗争的性质、条件和一般目的的学说，它以马克思主义哲学和政治经济学为依据，进一步为无产阶级指明了推翻资本主义、实现共产主义的具体条件和途径。就是说，马克思主义哲学和政治经济学是科学社会主义的基础和出发点，科学社会主义是马克思主义哲学和政治经济学的必然归宿。

先进的思想是和先进的生产力联系在一起的。科学社会主义是在无产阶级这一先进生产力的代表作为一个独立的阶级登上政治舞台，并在无产阶级革命实践不断发展的基础上产生的。这就表明，第一，"一定时代的革命思想的存在是以革命阶级的存在为前提的"，科学社会主义的学说是以无产阶级为其物质力量的；第二，这一学说是以无产阶级和人民群众的革命实践为基础的。科学社会主义只有和无产阶级革命实践运动相结合，才能转化为改造世界的强大物质力量。

科学社会主义在中国的广泛传播，在中国的生根开花结果，在中国所产生的巨大威力，从根本上说，就是这一学说同中国人民的革命实践发生了联系，同中国革命的具体实践相结合。毛泽东指出："马克思列宁主义来到中国之所以发生这样大的作用，是因为中国的社会条件有了这种需要，是因为同中国人民革命的实践发生了联系，是因为被中国人民所掌握了。任何思想，如果不和客观的实际的事物相联系，如果没有客观存在的需要，如果不为人民群众所掌握，即使是最好的东西，即使是马克思列宁主义，也是不起作用的。"正是这种科学理论与实践相结合，这种科学理论被人民群众所掌握，使中国的发展改换了方向，使中国革命改变了面目。中国人民学会了科学的革命的新文化，即马克思列宁主义的科学宇宙观和社会革命论，"第一仗打败了帝国主义的走狗北洋军阀，第二仗打败了帝国主义的又一名走狗蒋介石在二万五千里长征路上对于中国红军的拦阻，第三仗打败了日本帝国

119

主义及其走狗汪精卫，第四位最后地结束了美国和一切帝国主义在中国的统治及其走狗蒋介石等一切反动派的统治"，从而在中国建立了社会主义制度。

科学社会主义与中国革命实践相结合，是多方面、多层次逐步发展与深化的过程，既曲折复杂，又生动丰富。在初期阶段，最集中、最典型的结合，是科学社会主义同中国工人阶级的先锋队组织中国共产党的创建实践的结合。

1921年7月，中国共产党第一次代表大会的召开，宣告了中国共产党的正式成立，这是中国开天辟地的大事变。这无疑是科学社会主义与中国革命实践相结合所结出的第一个最重大的成果。正如毛泽东所指出的："一九一七年的俄国革命唤醒了中国人，中国人学得了一样新的东西，这就是马克思列宁主义。中国产生了共产党，这是开天辟地的大事变。孙中山也提倡以俄'为师'，'联俄联共'。总之是从此之后，中国改换了方向。"

中国共产党的创建过程，也就是科学社会主义与中国革命实践相结合的过程。这种结合实现的标志就是中国共产党的成立，以布尔什维克党为榜样的党的建党思想和原则的形成，中国共产党关于中国民主主义革命纲领的制定。

科学社会主义的传播及其和早期工人运动的结合，各地共产主义小组的建立和工人运动的新发展，提供了中国共产党的成立在思想上、组织上和干部上的基础条件

俄国十月革命的胜利和中国五四爱国运动的发生，

推动了科学社会主义在中国的传播。五四运动以后，中国工人阶级的斗争进一步向前发展，不仅规模扩大，而且政治性质表现得更加鲜明。工人运动的发展，迫切需要科学理论的指导和武装，而科学社会主义在中国的传播也迫切需要工人阶级这一物质力量为载体。两者结合的时机愈益成熟。同时，一批在新文化运动中涌现出来的激进的民主主义者，开始以极大的热情学习、研究和宣传马克思列宁主义，从而使原来的资产阶级性质的新文化运动，发展成以宣传马克思主义为中心内容的文化运动。就连反对马克思主义的人也不得不承认："一年以来，社会主义的思潮在中国可以称是风起云涌了，报章杂志的上面，东也是马克思主义，西也是讨论鲍尔希维克主义，这里是阐明社会主义的理论，那里是叙述劳动运动的历史，蓬蓬勃勃，一唱百和，社会主义在中国，仿佛有雄鸡一唱天下晓的情景。"从十月革命的经验和"五四"运动的亲身经历中，感觉到工农民众伟大力量的中国早期共产主义知识分子，也深切地认识到，改造中国的历史责任，只能由中国劳动人民自己承担。而发动和组织劳动人民群众的第一步，就是向他们传播和灌输马克思主义，以增强阶级意识和提高革命觉悟。因而他们纷纷深入到工农民众中去，进行科学社会主义的宣传普及工作。中国早期共产主义知识分子是促进科学社会主义与中国工人运动结合的桥梁。

为了更好地有组织有领导地开展向工人群众宣传马克思主义，在列宁领导的共产国际的直接帮助和领导下，从 1920 年 5 月起，上海、北京、长沙、武汉、广州、济南等地陆续成立了共产主义小组和马克思主义研究会以及社会主义青年团。这些组织以创办刊物和举办工人补习学校等重要方式进行马克思列宁主义的宣传。其中较为著名的刊物除《新青年》、《共产党》月刊外，还有上海的《劳动界》、《伙友》、北京的《劳动者》、广州的《劳动者》、《劳动与妇女》等；比较著名的工人补习学校有北京共产主义小组主办的长辛店劳动补习学校，上海共产主义小组开办的沪西小纱渡上海第一劳动补习学校，湖南共产主义小组在当地工厂和职业工人中开办的工人夜校，武汉共产主义小组在一些工厂开办的识字班等。这些刊物和工人补习学校，用生动活泼、通俗易懂的语言，宣传劳动创造世界的道理，揭露资本家剥削工人的秘密，阐述社会发展规律，说明工人阶级的历史使命，论述社会主义革命的任务、道路和前途等。无产阶级的先进分子指出，工人受苦是因为资本家的残酷剥削，"社会主义主张推倒资本主义，废止财产私有，把一切工厂、一切机器、一切原料都归劳动者手中管理"，"所以劳动者非信奉社会主义，实行社会革命，把资本家完全铲除不可"。"实行社会主义，是我们劳工的责任。"他们号召工人团结起来，"从职业的联合进为产业的联合"，借助自己团结的力量，负起阶级斗争的责任，"推倒有产阶级"，"把各种产业完全收归公有"，"把国家政权由工人收回执掌"，"实行共产主义"，等等。这些宣传教育，有效地提高了工人群众的社会主义觉悟，推动了科学社会主义理论同工人运动相结合。工会组织在共产主义小组的帮助下相继建立，1920 年至 1921 年间，上海、北京、武汉、济南、广州、长沙等地涌现出一批工会组织。1921 年 5 月 1 日，在北京、上海、广州、长沙等地，工人们公开打出"劳工神圣"、"劳工万岁"、"资本家末日"的旗帜，举行集会和游行，并同军阀的阻挠破坏进行了坚决的斗争。据不完全统计，全国在 1920 年共发生罢工 246 次，罢工人数 5 万左右；1921 年罢工 249 次，罢工人数 13 万。

总之，中国工人运动的发展和科学社会主义的广泛传播以及两者的结合，使中国共产党的建立有了阶级基础和思想基础，各地共产主义小组的建立在组织上和干部上为中国共产党的成立准备了条件。

以马克思列宁主义为指导，以俄国布尔什维克党为榜样，形成了具有自身历史特殊性的中国共产党建党思想和建党原则

中国共产党的创建过程，得到了列宁领导的共产国际的密切关怀。1920 年春季，共产国际的代表来北京和中国最早的马克思主义者李大钊建立了联系。经李大钊介绍又到上海和陈独秀等会见，交换了关于中国革命问题的意见，研究发起成立中国共产党的问题。中国一批早期共产主义者在深入传播马克思列宁主义的同时，对列宁领导的布尔什维克党的经验进行了学习和研究，积极开展建党问题的讨论和宣传，提出了中国共产党早期的建党思想和建党原则。

陈独秀曾多次提出，1917 年俄国革命的成功，而 1871 年巴黎公社的失败，就是因为一个有共产党指挥，而另一个没有。"只有以共产党代替（有产阶级的）政党，才有改造政治的希望"。要造成无产阶级的强大的组织力和战斗力，"非有一个强大的共产党做无产阶级的先锋队与指导者不可"。"共产党的基础建筑在无产阶级上面"。陈独秀和上海共产主义小组在共同起草的《中国共产党宣言》中明确指出：共产主义者的目标是实现共产主义，而"第一步就得铲除现在的资本制度"，共产党的任务是要组织集中阶级斗争的势力，引导革命的无产阶级，去向资本家斗争，"并要从资本家手里获得政权"。在夺取政权后，建立无产阶级专政，"一面继续用强力与资本主义的剩余势力作战，一面要用革命的办法造出许多共产主义的建设法"。旅法的共产主义者在建党问题上明确主张，应当建立一个公开的、强有力的、极有训练的、万众一心的共产党，它应当是劳动阶级的代表和先驱。共产党人"必须是劳动阶级或同化于劳动阶级的。必须有死也不改的信仰"。毛泽东在和蔡和森的通信以及同新民学会会员的讨论中，更为系统和明确地阐述了下述重要建党思想：第一，中国的社会革命是不可避免的。而要进行革命，当前最迫切的任务，就是必须建立一个无产阶级政党——共产党，作为"革命运动的发动者、宣传者、先锋队、作战部"，革命运动的"神经中枢"。第二，一个革命政党不可徒然作人群的聚集，感情的结合，而要变成主义的结合。无产阶级政党必须以马克思主义作为指导思想，"唯物史观是吾党哲学的根据"。第三，只有发动工农群众，进行暴力革命，建立无产阶级专政，才能实现无产阶级政党的奋斗目标。而社会改良政策，是补苴罅漏的政策，不成办法；社会主义借议会为工具，但议会的立法事实上是保护资产阶级的；无政府主义否认权力，恐怕是永远做不到；罗素主张的温和的"共产主义"，主张极端自由，放任资本家，也是永世做不到的。第四，无产阶级政党必须实行集中制，并有铁的纪律。"必须如此才能养成少数极觉悟极有组织的分子，适应战争时代及担负偌大的改造事业"。要有自己最高的领导机关，统一全党工作；要有强有力的刊物，宣传党的主张和革命思想，等等。所有这些，为中国共产党第一次全国代表大会的召开和党的正式成立奠定了重要思想理论基础。

中国共产党的第一次全国代表大会宣告了党的正式成立，并确立了正确的建党原则。毛泽东指出："我们的党从它一开始，就是一个以马克思列宁主义的理论为基础的党。"① 大会确定了中国共产党应该完全按照俄国布尔什维克党的榜样、按照列宁主义的原则建立，要求党成为有战斗能力及有纪律性的无产阶级政党，成为用马克思列宁主义的革命理论武装起来的工人阶级先锋队。大会确定党的最终目的是消灭阶级，实现共产主义。而要达到此最终目的，必须承认无产阶级专政的必要。党在当前的中心工作是发展工人运

---

① 《毛泽东选集》第三卷，人民出版社，1991，第 1093 页。

动。大会通过的《中国共产党第一个纲领》陈述了下列主要内容：中国共产党的奋斗目标是领导中国工人农民士兵进行彻底的革命，武装夺取政权，建立无产阶级专政，废除生产资料私有制，在中国建立没有阶级、没有剥削的共产主义社会；党内生活的原则是民主集中制，党员和党的组织必须遵守严格的纪律；彻底断绝同黄色的知识分子阶层以及其他与本党纲领背道而驰的党派和团体的一切联系；联合第三国际。

　　由于学习了俄国布尔什维克党的经验，由于坚持以马克思列宁主义为指导，在党的"一大"会议上排除了"左"的和右的两种错误观点。一种观点认为党的组织应该是一个公开的研究马克思主义的团体，不必强调纪律，组织上采取"地方分权"制，反对党中央的集中领导；在党的任务上，则认为当前是用一切力量在知识分子和工人阶级中进行马克思主义宣传教育工作，不必从事工人运动和实际的革命斗争，主张参加资产阶级议会去宣传无产阶级政见。这种观点实际上是使党丧失战斗能力的右倾观点。另一种则认为党是工人阶级的政党，就应该拒绝知识分子入党，因为知识分子是资产阶级思想的代表；在党的任务上则认为应该直接为实现无产阶级专政而斗争，反对作任何公开合法的工作。这种观点实际上是使党成为脱离群众的狭隘小团体的冒险主义的"左"倾观点。这两种错误观点显然是与马克思列宁主义的建党学说相悖的。正因为排除了错误观点的影响，所以中国共产党一开始就成为一个完全新式的、以实现共产主义为目的、以马列主义为指南的统一的工人阶级的政党。同时，由于中国的特殊性，党的建立又呈现出如下历史特点：

一是由于中国共产党建立于十月革命后，党的筹备和建立，又始终得到共产国际的直接指导，因此，一开始就是以列宁主义的建党原则为基础来进行建设的。

二是没有受到欧洲社会民主党第二国际的影响，从一开始就严厉反对了思想上政治上的社会改良主义，组织上的自由主义、小团体主义、工会独立主义、经济主义等倾向。

三是由于半封建半殖民地的社会环境，中国没有欧洲那样的资本主义"和平发展"时期，也不容许工人阶级有和平的议会斗争。中国工人阶级深受帝国主义、封建主义和资本主义的三重压迫，整个阶级具有坚决的革命性，没有社会改良主义的社会基础，因此，党一成立就进入了直接的革命斗争。

四是由于中国社会的特殊结构是城市小资产阶级和农民占人口的大多数，工人阶级又多半出身于破产的农民，和广大农民有一种天然的联系，因此，城市小资产阶级和农民出身的党员在党内占有相当大的比重。这是党内"左"右倾机会主义形成的社会基础。

上述这些特点表明中国共产党一开始就是按照科学社会主义学说，以马克思列宁主义建党原则进行创建的中国工人阶级先锋队。同时，也表明中国共产党在其前进的过程中，需要不断地改造各种非无产阶级思想，需要不断地同"左"、右倾机会主义进行斗争，加强马克思列宁主义的理论学习和教育。这是党的建设上的重要任务。

科学社会主义和中国革命具体实际相结合，制定了党关于中国民主革命阶段的基本纲领

中国共产党第一次全国代表大会的召开和第一个决议，是科学社会主义和中国工人运动相结合的第一个重大胜利，标志着这种结合有了良好的开端和初步的实现。但是，党的一大没有来得及根据中国社会的具体情况制定出党在民主革命阶段的基本纲领。因此，"一大"以后，中国共产党人开始深入了解中国国情，力求从实际出发，把科学社会主义基本原理同中国具体情况相结合，探寻中国社会革命的道路和方法。经过一年的探求，根据列宁关于殖民地半殖民地革命的基本理论的精神，在1922年6月15日发表了中国共产党第一次对于时局的主张，批判了当时封建、买办阶级和资产阶级的"恢复国会"、"联省自治"、"好政府主义"、"废督裁兵"等各种错误政治主张，说明这些主张根本不能解决中国的问题。同时，明确指出："中国共产党是无产阶级的前锋军，为无产阶级奋斗为无产阶级革命的党。但是在无产阶级未能获得政权以前，依中国政治经济的现状，依历史进化的过程，无产阶级在目前最切要的工作，还应该联络民主派共同对封建式的军阀革命，以达到军阀覆灭能够建设民主政治为止。"在随后召开的中国共产党第二次代表大会通过的宣言里，在对国际形势和国内政治状况进行深入分析的基础上，系统阐述了中国共产党关于民主革命的纲领和任务。

关于中国革命所处的时代和国际环境。宣言指出，在第一次世界大战和十月革命后，世界已划分为革命

与反革命两大阵营，帝国主义已走上日益崩溃的道路。以苏联为首的无产阶级革命运动和各被压迫民族的革命运动的联合日益密切，必定会推翻国际帝国主义的统治。宣言指出，中国人民的革命运动必须与世界无产阶级革命运动联合起来，才能取得胜利，"中国的反帝国主义运动也一定要并入全世界被压迫的民族革命潮流中，再与世界无产阶级革命运动联合起来，才能迅速的打倒共同的压迫者——国际资本帝国主义"。

关于中国社会的性质，中国革命的性质和动力。宣言指出，中国社会是半殖民地半封建的社会，"帝国主义的列强在这八十年侵略中国时期之内，中国已是事实上变成他们共同的殖民地了，中国人民倒悬于他们欲壑无底的巨吻中间"。"政治方面还是处于军阀官僚的封建制度把持之下"。宣言指出，当前的革命是资产阶级民主主义性质的革命，即反对帝国主义和封建主义的民族民主革命，革命的动力包括工人阶级、农民阶级、小资产阶级、民族资产阶级，"我们无产阶级相信在现今的奋斗进行中，只有无产阶级的革命势力和民主主义的革命势力合同动作，才能使真正民主主义革命格外迅速成功"。

关于党的最高纲领和最低纲领。宣言重申了党的最高纲领，这就是："中国共产党是中国无产阶级政党。他的目的是要组织无产阶级，用阶级斗争的手段，建立劳农专政的政治，铲除私有财产制度，渐次达到一个共产主义的社会。"宣言指出，在当前的历史条件下，中国人民的革命任务是：①消除内乱，打倒军阀，建设国内和平；②推翻国际帝国主义的压迫，达到中华民族完全独立；③统一中国本部（东三省在内）为真正民主共和国；等等。宣言在这里明确提出的打倒军阀，打倒帝国主义，建立民主共和国，这是中国民主革命的基本口号，是中国共产党第一次提出的彻底的反帝反封建的民主主义革命纲领。

中国共产党关于民主革命反帝反封建纲领的形成和制定，为中国革命指明了一条正确的道路。尽管宣言中存在着缺点，如没有明确指出中国民主革命必须由无产阶级领导；没有提出在民主革命中，工人农民必须掌握革命政权的问题；没有提出彻底的土地纲领来满足农民的土地要求，但它作为彻底的反帝反封建的革命纲领，在中国共产党之前没有一个革命的党派和领导者能够提出，这就表明，只有中国共产党才能领导中国革命走向胜利。同时也表明，这个纲领是科学社会主义在中国的传播和发展的一个重要成果，是中国共产党人集体智慧的结晶。其后，中国共产党人和工农大众正是在这个纲领的指导下，在这面反帝反封建战斗旗帜下，进行了翻天覆地的革命斗争，开展了规模宏大的工农运动，把中国革命推进到了前所未有的历史新阶段。科学社会主义学说也在中国得到了新的发展，进入新的境界。

新民主主义革命与毛泽东
思想的创立

以五四运动为标志，中国民主革命分为新旧两个阶段，即旧民主主义革命阶段和新民主主义革命阶段。

新民主主义革命就是中国共产党领导的中国人民大众反对帝国主义、封建主义、官僚资本主义的革命。这个新阶段的出现，是科学社会主义的普遍真理同中国革命实践相结合所促成的。旧民主主义革命，是资产阶级领导的革命，它不能把中国革命同世界革命联系起来，不能把民族斗争同阶级斗争联系起来，不能把民主革命同社会主义革命联系起来，从而也就不能成为彻底地、不妥协地反对帝国主义、反对封建主义的革命。新民主主义革命，是中国共产党领导的民主革命，它虽然仍然是民主革命，但却是社会主义运动的有机部分，是

图17　中共七大会场

中共七大于1945年4月23日至6月11日在延安举行。大会通过了毛泽东《论联合政府》的政治报告、朱德《论解放区战场》的军事报告。大会提出党的政治路线是：放手发动群众，壮大人民力量，在党的领导下，打败日本侵略者，解放全国人民，建立一个新民主主义的中国。大会强调毛泽东思想为全党的指导思想。大会通过的新党章强调了群众路线和党的民主集中制原则。这次大会是团结的大会，胜利的大会，为抗日战争和夺取新民主主义革命在全国的胜利奠定了基础。

直接进行社会主义革命的必要准备，它具有科学的纲
领、路线、战略、策略。科学社会主义同中国革命实
践的结合开辟了新民主主义革命新阶段，新民主主义
革命的蓬勃发展又极大地丰富和发展了科学社会主义。
这一丰富和发展了的科学社会主义，就是毛泽东思想。

科学社会主义与中国革命实践的结合开辟了新民主主义革命的新阶段

中国民主主义革命的除旧布新，是以科学社会主义与中国革命的结合为首要条件的，也就是说，科学社会主义与中国革命实践的结合过程，从根本上说就是开辟民主主义革命新阶段的过程，新阶段之"新"，就新在这一结合之上。

第一，十月革命一声炮响，为中国人民送来了马克思列宁主义，使中国人民认识到中国必须走俄国的道路，这使得新民主主义革命由以发轫。

科学社会主义与中国革命实践相结合，是以十月社会主义革命胜利的伟大影响为契机的。毛泽东指出："中国人找到马克思主义，是经过俄国人介绍的。……十月革命一声炮响，给我们送来了马克思列宁主义。十月革命帮助了全世界的也帮助了中国的先进分子，用无产阶级的宇宙观作为观察国家命运的工具，重新考虑自己的问题。走俄国人的路——这就是结论。"①在十月革命胜利之前，中国的仁人志士着重从西方寻

① 《毛泽东选集》第四卷，人民出版社，1991，第 1470~1471 页。

找民主主义作为救国的真理，他们或者径直地引进外国资产阶级的民主方案，或者对别人的方案加以改造，也有人提出了冠以社会主义名义而其实是空想性质的社会主义方案。但是，所有这些都在实践中碰得头破血流，有的甚至上不了实践这块试金石。十月革命的伟大胜利把科学社会主义蓝图变成了直接现实，这就造成了事实胜于雄辩的巨大优势，增强了中国人对科学社会主义的信念。这一点在革命知识分子当中最为突出。李大钊连续发表《法俄革命之比较观》、《庶民的胜利》、《布尔什维主义的胜利》等文，盛赞俄国革命是"立于社会主义上之革命"，并满怀激情地"翘首以迎其世界新文明之曙光，倾耳以迎其建于自由、人道上之新俄罗斯之消息"，坚信："由今以后，到处所见的，都是布尔什维主义战胜的旗。到处所闻的，都是布尔什维主义的凯歌的声。人道的警钟响了！自由的曙光现了！试看将来的环球，必是赤旗的世界。"陈独秀

图18　俄国十月革命图

也认识到"社会主义要起来代替共和政治，也和当年共和政治起来代替封建制度一样，按诸新陈代谢的公例，都是不可逃的运命"。毛泽东也正是在这种背景下，"对马克思主义建立起完全的信念，接受了马克思主义唯物史观的正确理论。从此以后，从没动摇"。十月革命的大事件通过当时的新闻媒体，已传到广大人民群众中去，一时间，畅谈"劳工神圣"、"劳农胜利"、"工人之国"成为中国人的热点。在这种情况下，翻译马列著作、介绍马克思主义原理，在大学开设马列主义课程，创办革命刊物宣传马克思主义精神等活动，掀起了传播科学社会主义的高潮。经由十月革命引发的科学社会主义在中国的大传播，最大的意义就在于：在寻找中国道路的价值取向上，中国人民已经把西方资产阶级民主主义从根本上转到俄国道路上来。也就是从资本主义转到科学社会主义上来。这是中国人对"只有社会主义才能救中国"的客观规律的最初的、具有决定意义的领悟。是中国得以绝处逢生的历史性选择。新民主主义革命由于这一历史性选择，而开辟了一条中国革命的新路。

第二，先进知识分子遵循科学社会主义从事建党活动，促成了中国共产党的诞生，由此赢来新民主主义革命的勃兴。党一创立，便以全新的姿态领导革命斗争。在1922年的中共"二大"上，就向中国人民首次提出彻底的反帝反封建的民主主义革命纲领。充分表明了它领导中国革命走向胜利的魄力和能力。党把工人运动作为这一时期中心工作，掀起了第一次全国工运高潮，香港海员大罢工、开滦煤矿大罢工、安源煤矿大罢工、直至最为壮烈的京汉铁路工人的政治大罢工，展示了中国无产阶级的伟力。同时，党还领导了威武雄壮的农民运动，其中海丰农民运动、湖南农民运动影响最大。1923 年 6 月，党的"三大"，确定了统一战线的方针政策。之后经过艰苦的努力，建立了统一战线，掀起了新民主主义革命运动的高潮。

第三，新民主主义思想的提出，表明了新民主主义阶段的实际进程的展开和发展。

根据社会存在决定社会意识的原理，新民主主义革命理论的建立，是对新民主主义革命阶段根本矛盾发展、充分展开的反映，是对革命者探索解决这一矛盾的实践经验的成熟的总结，这是一个较长的过程，至少要追溯到毛泽东思想臻于完善的抗日战争时期。相对于新民主主义革命理论的创立而言，新民主主义革命基本思想的提出，是其初级状态的、雏形的存在，它反映了新民主主义革命这一客观阶段的形成。

五四时期，李大钊、陈独秀等人已意识到俄式革命、社会主义革命的不可避免性，一大批先进知识分子已感到中国人要走俄国人的道路。应该说，这已包含了对于新民主主义革命的意识。但是，这只是一个内涵贫乏的、朦胧抽象的社会意识。内在矛盾没有展开。党的"一大"确定了消灭阶级实现共产主义的目的，确认以无产阶级专政为达到目的的途径，确定以发展工人运动为中心工作，并随即成立全国工运的领导机关。这是对新民主主义阶段认识的一个进步。无产阶级领导权问题，是新民主主义革命的根本问题。

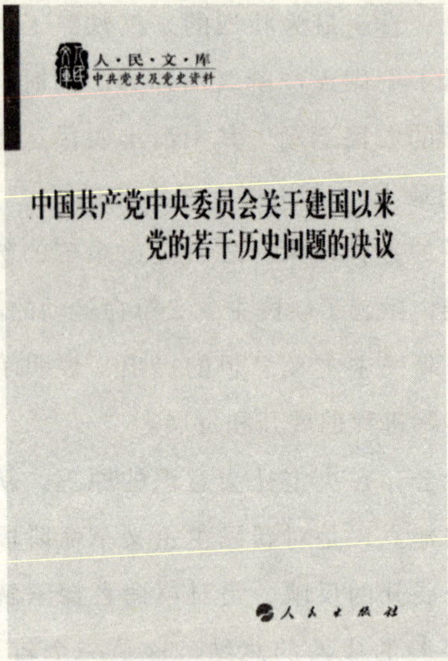

**图 19　人民出版社出版的《关于建国以来党的
若干历史问题的决议》单行本**

　　《关于建国以来党的若干历史问题的决议》是中国共产党
历史上具有深远影响的重要文件。其起草工作从 1979 年 11 月
开始，在中央政治局、书记处领导下，由邓小平、胡耀邦主持
进行的。经过长时间的讨论和修改，集中全党智慧形成。在
1981 年 6 月中国共产党第十一届六中全会通过。《决议》共分
八个部分，阐述的基本内容是：第一，对建国 32 年来中国共
产党的历史进行了科学的分析和正确的总结，实事求是地评价
了建国以来的重大历史事件，分清了功过是非。第二，实事求
是地评价了毛泽东在中国革命中的历史地位，科学地论述了毛
泽东思想的基本内容和作为党的指导思想的伟大意义。第三，
肯定了中共十一届三中全会以来逐步确立的适合中国国情的建
设社会主义现代化国家的正确道路，进一步指明了中国社会主
义事业和党的工作继续前进的方向。

　　而无产阶级专政、建立全国工运的领导机关，无疑属
于无产阶级领导权的内容之一。党的"二大"区分了
党的最高纲领和最低纲领，指出了中国无产阶级"会

变成推倒在中国的世界资本帝国主义的革命领袖军"，表明对自身领导权意识又有所进步。会后，中国共产党领导革命群众掀起了工人运动、农民运动的高潮。党的"三大"着重解决统一战线问题。由于这个问题直逼领导权这一新民主主义的实质和核心，就使矛盾得以展开，陈独秀的"二次革命"论实质上是取消无产阶级的领导权，张国焘则从拒绝农民和其他劳动者方面，实质上是置党于孤立境地，也否认了领导权。这一右一"左"虽然是党的不幸，但也反映了幼年时期党的状况，从认识论讲也不无其存在的合理性，不能仅以党幼年期犯了没有充分认识无产阶级领导权的错误，就认为新民主主义没有实际形成。况且，"三大"也批评了右和"左"的错误倾向，强调了国共合作中党在组织上、政治上的独立性，又有持正确主张的毛泽东等人。"四大"把领导权问题作为政治口号提出来，指出"要跑到领导革命的地位，还须更大努力"。"五大"也指出"只有这个政权，以无产阶级作领导，才能解决现实革命中的重要问题"。但对陈独秀的错误没有采取坚决批判和清算的立场，从而导致后来陈独秀主动放弃无产阶级领导权的右倾投降主义，造成大革命失败，使党对新民主主义革命的实质的认识付出了惨重的代价。党的"八七"会议，确定了土地革命和武装反抗国民党反动派屠杀政策的总方针，在血的教训之中，真正直面新民主主义革命的根本问题。党的"六大"决议在对新民主主义革命的认识上产生了飞跃，它确认：中国革命现阶段的性质是资产阶级民主革命。革命的对象是帝国主义和封建主义；它指出无产阶级领导权能在资产阶级民主革命阶段建立起来，从而可能开辟社会主义的前途。它认为中国革命要分资产阶级民主革命和无产阶级社会主义革命两个阶段。这个决议案虽然包含着急于向社会主义转变的错误观念，但它第一次较为完整地表述了关于中国革命的性质、对象、动力、阶段、前途、领导权等重大问题。此后，在以毛泽东为主要代表的中国共产党人的艰巨斗争中，中国新民主主义革命在科学社会主义理论的指导下，得到了实际的展开，取得了伟大胜利。

科学社会主义与中国新民主主义革命实践的结合，产生了毛泽东思想

中国共产党在《关于建国以来党的若干历史问题的决议》中指出："以毛泽东同志为主要代表的中国共产党人，根据马克思列宁主义的基本原理，把中国长期革命实践中的一系列独创性经验作了理论概括，形成了适合中国情况的科学的指导思想，这就是马克思列宁主义普遍原理和中国革命具体实践相结合的产物——毛泽东思想。"这一论断指明了科学社会主义与中国新民主主义革命的结合，是毛泽东思想产生的根据。

首先，坚持"结合"，反对"脱离"，既是产生毛泽东思想的历史条件，又构成了毛泽东思想的本质特征。

从本世纪 20 年代后期开始，党内就盛行一股把马

克思主义教条化、把共产国际决议和苏联经验神圣化的错误倾向，这种倾向，一次一次地危害着革命，以致于几乎使中国革命陷于绝境。在这种情况下，以毛泽东为主要代表的中国共产党人，以崇高的历史责任感和大无畏精神，积极地、持续地反对把科学社会主义同新民主主义革命实践相脱离的恶劣倾向，坚持实行这一结合。毛泽东率先兴起运用马克思主义立场、观点、方法调查研究国情和革命运动形势，发表了《中国社会各阶级分析》、《湖南农民运动考察报告》等典范文章，一开始就表现出与教条主义迥异的风貌。土地革命时期，毛泽东结合中国国情，写出了《中国红色政权为什么能够存在?》、《井冈山的斗争》、《关于纠正党内的错误思想》、《星星之火，可以燎原》等文章，从而就中国革命的性质、任务、阶级关系、形势等一系列重大问题，作出了与共产国际罗明纳兹等人不同的、被实践证明是正确的论断。在《关于纠正党内的错误思想》一文中，毛泽东首次旗帜鲜明地提出反对主观主义问题，指出："主观主义，在某些党员中浓厚地存在，这对分析政治形势和指导工作，都非常不利。因为对于政治形势的主观主义的分析和对于工作的主观主义的指导，其必然的结果，不是机会主义，就是盲动主义。"这一时期，在这方面最能体现毛泽东原则立场的，是1930年发表的《调查工作》，即1964年更名发表的《反对本本主义》。反对本本主义，也就是反对教条主义。"那时没有'教条主义'这个名称，我们叫'本本主义'"。"这篇文章是经过一番大斗争写出来的。1929 年冬天，红军第四军第九次党代表大会对这场斗争作了结论，这以后，也就是 1930 年春天，写了这篇文章"。反对本本主义的背景是以毛泽东为代表的中国共产党人坚持"农村中心"同共产国际及王明所错误倡导"城市中心"这场关于中国革命道路的论争。从那时起，毛泽东已形成了把教条主义作为党的大敌来反对的战斗意识。这篇文章从唯物主义认识论的高度，挖出了本本主义的根源，强调了"没有调查，就没有发言权"；文章还提出了检验真理的标准问题，批判了以本本和以上级机关为标准的错误，提出了学本本"必须同我国的实际情况相结合"这一根本性命题；文章首次提出了"思想路线"这一概念，强调要"从斗争中创造新局面的思想路线"，把反对本本主义提到了思想路线这个高度。《反对本本主义》的价值就在于，早在 1930 年，毛泽东思想关于实事求是、群众路线和独立自主这三个基本方面的内容就已初步形成。关于实事求是，文章中提出了"必须同我国的实际情况相结合"；关于群众路线，文章强调"正确的策略要在群众的斗争过程中"接受"实际经验"的检验；关于独立自主，文章强调"中国革命斗争的胜利要靠中国同志了解中国情况"。当国内战争基本结束，抗日战争即将来临时，为了更深入地实现科学社会主义同新民主主义革命实践的结合，必须彻底清算主观主义。毛泽东从世界观斗争的高度，发表了《实践论》、《矛盾论》两部著作。毛泽东在《实践论》中所阐述的理论和实践相统一、主观与客观相一致的原理，强烈地针对着党内的主观主义——教条主义和经验主义，特别是针对作为主观主义的最主要的，也是危害最大的教条主义的。教条主义否认理论和实践的统一，醉心于引证本本；经验主义则停留在感性经验之上，轻视理论的力量。《矛盾论》也是为了击破违反马克思列宁主义基本原理的不利于我们的革命事业的那些教条主义思想，"避免重复经验主义的错误"。文章从辩证法同形而上学斗争的高度，揭示了党的历史上"左"、右倾机会主义者用形而上学的思想方法处理中国革命问题的深层次问题。为了夺取抗日战争的胜利，毛泽东又开展了旨在彻底克服教条主义地学习马列主义的学风、宗派主义的党风、形式主义的文风的"延安整风"运动。毛泽东发表了《改造我们的学习》，将党的历史总结为"马克思列宁主义的普遍真理和中国革命的具体实践日益结合"的历史。从这一历史感出发，毛泽东再次批判"闭塞眼睛捉麻雀"、"瞎子摸鱼"等极坏作风，把马克思主义的态度与主观主义的态度尖锐对立起来。这篇文章系统地阐释了"实事求是"的根本原则。

综上所述，正是坚持科学社会主义与新民主主义革命实践的相结合，坚决反对主观主义的相脱离，才有毛泽东思想的产生，同时，形成了毛泽东思想的实事求是的本质特征。

其次，运用科学社会主义普遍原理，探索新民主主义革命的特殊规律，促成了马克思主义在中国的具体化，产生了毛泽东思想。

　　十月革命给我们送来的马列主义，只是充满异国气息的马列主义。毛泽东说，马克思主义在和我国的具体实际结合时，必须使马克思主义在中国具体化，使之在每一表现中带着必须有的中国特性，即是说，根据中国的特点去应用马克思主义。并提出以新鲜活泼的、为中国老百姓所喜闻乐见的中国作风和中国气派，取代那些抽象空洞的党八股、教条主义。这一论述，使我们能够清楚地看到只有把科学社会主义同新民主主义革命实践相结合，才能正确地应用马克思主义，才能产生中国的马克思主义，即毛泽东思想。

　　科学社会主义与新民主主义革命实践相结合，首先要解决的是对科学社会主义"用什么"、"如何用"的问题。建党初期，广大党员对科学社会主义发自内心地欢迎，却又充满神秘感，以为它是现存的救世良方，谈不上对"用什么"、"如何用"有什么深层思考。这也是那时盛行把马克思主义教条化，把共产国际决议和苏联经验绝对化的客观基础之一。但即使在党的幼年时期，毛泽东就已表现出对科学社会主义不能生吞活剥，必须解决好"用什么"和"怎样用"的高度自觉。科学社会主义认为，在落后的东方民族开展革命运动，农民问题是中心问题，是革命成败的关键。列宁指出："你们面临着一个全世界共产主义者所没有遇到过的任务，就是你们必须以一般共产主义的理论和实践为依据，适应欧洲各国所没有的特殊条件，善于把这种理论和实践运用于主要群众是农民，需要解决的斗争任务不是反对资本而是反对中世纪残余这样的条件。"毛泽东在我们党内最先牢牢抓住了关于落后国家开展革命运动必须以农民为中心的原理。他说："在1925年'五卅'惨案以后，以及在继之而起的政治运动的巨浪中，湖南农民变得非常有战斗性。我离开了我在休养的家，发动了一个把农村组织起来的运动。"并明确强调："现在注重研究中国农民问题。"1925年冬到1927年春，毛泽东先后发表了《中国社会各阶级的分析》、《中国农民中各阶级的分析及其对于革命的态度》、《国民党右派分离的原因及其对于革命前途的影响》、《国民革命与农民运动》、《在湖南省第一次工农代表大会上的讲话》、《湖南农民运动考察报告》等一系列文章。而在农民问题研究中，毛泽东始终运用科学社会主义的阶级分析方法。他从土地、农具、资金、劳动力状况入手，根据经济地位对农村人口划分阶级，又从各自的物质经济利益考察其政治立场及相互关系。毛泽东在从事对农民的阶级分析的过程中，又紧紧依循科学社会主义的唯物主义思想路线，一切从现实状况出发，周密进行调查研究。例如他主持第六届农民运动讲习所时，组成了13个研究会，每一研究会承担有关政治、经济、文化、教育、宗教等36项调查。在详细占有真实材料的基础上，毛泽东提出了党在农民中的正确方针：团结真正的朋友——自耕农以下的五种人；打击真正的敌人——大地主阶级；中产阶级——小地主，其右翼可能是敌人，其左翼可能是朋友。由此可见：农民中心、阶级分析方法、唯物主义思想路线，是毛泽东运用科学社会主义的三个要点，结合中国实际，研究中国问题的立场、观点和方法；表明毛泽东一开始就同教条地照搬科学社会主义某些结论去取代现实的恶劣风气尖锐对立。

土地革命时期，就革命道路问题，毛泽东坚定不移、理直气壮地反对本本主义。在这一时期，毛泽东鲜明而彻底地贯彻了科学社会主义关于各国共产党应当独立自主地开展革命斗争的基本原则。坚持主体对于认识世界、改造世界的独立性、自主性，反对一个国家的共产党对另一个国家的共产党或国际组织的宗法依附关系，这是科学社会主义十分重大的原则立场。早在国际共产主义同盟诞生之初，当《共产党宣言》问世后，马克思恩格斯制订了"基本原理的实际运用……随时随地都要以当时的历史条件为转移"的原则，列宁也告诫共产国际，指出各国革命不能靠"从莫斯科来发号施令"。但是，1927年至1934年间，共产国际对中国新民主主义革命恰恰是"从莫斯科来发号施令"，它将一般号召与各国实践相脱节，用具体布置代替原则指导，干涉我党内部事务，使我党不能独立自主领导革命。另一方面，王明等人又强烈地依附于所谓"国际路线"，完全以照搬共产国际教条为能事。在这种情况下，以毛泽东为代表的中国共产党人坚持了对科学社会主义关于独立自主地解决自己问题的原则的研究和运用。毛泽东不仅反对王明的教条主义，而且也大无畏地反对"洋教条"，他把由博古请进党内掌握中央军事大权的李德（德国人，原名奥托·布劳恩）以及由他推行的一整套导致第五次反"围剿"

大失败的战略战术，都称为"洋教条"，并说："从前那个资产阶级教条主义，这个时候就同无产阶级教条主义合作了，因为都是教条主义。两个东西，气味相投，其结果，就是把根据地送掉。"毛泽东在《反对本本主义》一文中，首次明确提出"中国革命斗争的胜利要靠中国同志了解中国情况"，弘扬独立自主精神同"洋钦差"、"洋教条"、党内迷信风气作斗争。这个斗争一直到1935年1月的遵义会议，党第一次在没有共产国际指示的情况下，独立自主地纠正王明"左"倾冒险主义在军事上的错误，确立了毛泽东在全党的领导地位。1936年12月，毛泽东写了《中国革命战争的战略问题》一书，系统总结了这八年来的经验教训，特别强调独立自主的科学社会主义原则。从此后，毛泽东又几经思考，在运用马克思主义的问题上，明确提出了要运用马克思主义观察分析问题的科学立场、观点和方法，不允许机械照搬个别结论。

科学社会主义与新民主主义实践相结合，还要解决运用科学社会主义研究中国什么问题的这样一个重大课题。毛泽东通过总结同教条主义作斗争的经验，对这一重大问题作出了科学回答，这就是要全力研究中国的特殊规律。这一理解首先是从军事斗争的角度提出来的。在《中国革命战争的战略问题》中，毛泽东把战争规律分为一般规律即战争规律、特殊规律即革命战争规律、中国的特殊规律。强调"要研究更加特殊的中国革命战争的规律"，"我们固然应该尊重过去流血的经验，但是还应该尊重自己流血的经验"。

145

"我们固然应该特别尊重苏联的战争经验……但是我们还应该尊重中国革命战争的经验，因为中国革命和中国红军又有许多特殊的情况"。他指出着重学习一切带原则性的军事理论这是一回事，"然而还有一件事，即是从自己经验中考证这些结论，吸收那些用得着的东西，拒绝那些用不着的东西，增加那些自己所特有的东西。这后一件事是十分重要的，不这样做，我们就不能指导战争"。这就提出了从新民主主义革命实际出发，考证科学社会主义原理，选择、修订其理论内容，并充实新内容的理论建设任务问题，这又是必须以围绕研究中国特殊规律来进行。之后，1937 年，毛泽东又将这一主张上升到世界观高度，在《矛盾论》中，升华为关于矛盾特殊性的学说，阐述了矛盾特殊性是事物的特殊本质的根据，认识事物即是认识特殊矛盾的原理；阐述了认识的两个过程：由特殊到一般，由一般到特殊，以及特殊性在两个过程中的重要地位；阐述了不同质的矛盾，只有用不同质的方法才能解决的结论。最后，强调具体问题具体分析是马克思主义活的灵魂。

可见，运用科学社会主义重在运用其观察处理问题的科学立场、观点和方法，研究新民主主义革命重在揭示它的特殊规律，这是毛泽东把科学社会主义与新民主主义实践相结合的基本点。因此，在中国新民主主义革命实践中形成的毛泽东思想，便"在其每一表现中带着必须有的中国的特性"，即马克思主义在中国的具体化。它主要体现在：①对于结合中问题的提出，完全是从中国革命和建设中特有的具体矛盾出发的，而不是离开了革命和建设实践这个具体的环境，从一般原则或别国的模式、经验出发。②对于结合中问题的研究，也完全是站在中国特有的历史和现状的基点上，密切联系对于中国社会阶级、政治经济的发展、国内外矛盾的发展变化、敌我力量的消长、组合、对比等状况的分析研究，而不是离开这个基点，作主观的揣测和抽象的空论。③对于结合中问题的解决，它所采取的政策策略，所应用的方法手段等也完全是有的放矢的，切合中国革命和建设的实际情况和条件，符合中国革命和建设的需要。

毛泽东思想对科学社会主义理论的丰富和发展

《关于建国以来党的若干历史问题的决议》从新民主主义革命、社会主义革命和社会主义建设、革命军队的建设和军事战略、政策和策略、思想政治工作和文化工作、党的建设这六个宏观方面，高度概括了毛泽东思想对科学社会主义理论的丰富和发展。

以毛泽东为杰出代表的中国共产党人，坚持科学社会主义普遍原理与中国实际相结合，深刻研究中国革命的特点和规律，发展了科学社会主义关于无产阶级在民主革命中的领导权的思想。毛泽东创立的新民主主义革命的理论，有两个基本点，一个是对中国的资产阶级进行了具体分析，区分为大资产阶级和民族资产阶级两大部分，确定了党对这两大资产阶级的基本态度；争取民族资产阶级加入统一战线，特殊条件下也可以同一部分大资产阶级搞统一战线，以求最大限度地孤立最主要敌人。确立了保持无产阶级独立性，对资产阶级又团结又斗争，以斗争求团结的政策；另一个基本点是认为中国革命只能以长期的武装斗争为主要形式。武装斗争必须以无产阶级为领导，以农民为主体。必须走以农村包围城市，最后夺取全国胜利的道路。新民主主义革命必须坚持抓好统一战线、武装斗争、党的建设这"三大法宝"。

毛泽东和中国共产党在新民主主义革命成功后，运用无产阶级掌握的经济政治条件，采取社会主义工业化和社会主义改造同时并举的方针，顺利实现了由新民主主义向社会主义的过渡。在这一举世瞩目的创造社会主义的实践中，产生了把对人民实行民主和对资产阶级实行专政两方面结合起来的人民民主专政理论；提出了正确处理人民内部矛盾的一系列方针，包括：人民内部政治上的"团结—批评—团结"；共产党与民主党派的关系上的"长期共存，互相监督"；科学文化工作中的"百花齐放，百家争鸣"；经济工作中的"统筹安排"和兼顾国家、集体、个人三者利益等。在社会主义发展上，强调从大农业国的实情出发，以农业为基础，正确处理重工业、农业、轻工业的关系，走出合乎国情的工业化道路。强调处理好经济建设和国防建设、大企业和中小企业、汉民族与少数民族、沿海与内地、中央与地方、自力更生与学习外国等关系；强调工人在企业中的主人地位和作用；提出了调动一切积极因素，化消极因素为积极因素，以便团结全国各族人民建设社会主义强大国家的战略思想。同时，对中国建设社会主义的道路进行了艰辛探索，提出了许多重要的思想和观点。

毛泽东系统地解决了以农民为主要成分的革命军队如何建设成为一支无产阶级性质的、具有严格纪律的、同人民群众保持亲密联系的新型人民军队的问题。提出了全心全意为人民服务的宗旨、党指挥枪的原则、三大纪律八项注意、三大民主、官兵一致、军民一致、瓦解敌军的原则，确立了一整套军队政治工作体制、方针、方法。在军事战略方面，提出了以人民军队为骨干，依靠广大人民群众，建立农村根据地，进行人民战争的思想；阐释了游击战争的战略地位；提出了敌强我弱形势下一系列人民战争的战略战术；总结出十大军事原则。建国后，提出了建设现代化革命武装力量和发展现代国防技术的指导思想。

毛泽东在长期指导革命斗争的实践中，形成了鲜明的政策、策略理论。主要特色是根据政治形势、阶级关系和实际情况及其变化制定党的政策，把原则性和灵活性结合起来。毛泽东思想关于政策和策略的成果是丰富多彩的。

毛泽东在《新民主主义论》中，透彻分析了经济、政治、文化的关系，根据文化对一定社会政治经济的巨大反作用、政治对经济的巨大反作用原理，提出了思想政治工作是经济工作和其他一切工作的生命线的思想，政治和经济、技术相统一、又红又专方针；发展民族的、科学的、大众的文化，实行百花齐放、推

**图 20　华东新华书店出版的毛泽东
《新民主主义论》单行本**

毛泽东阐述中国新民主主义革命理论和策
略的主要政治著作 。1940 年 1 月发表于延安
《中国文化》创刊号，全文共 15 节。分别论
述了新民主主义革命的经济、政治和文化问
题。

陈出新、古为今用、洋为中用的方针；知识分子同工
农相结合，文艺工作者为人民大众服务的方针。

毛泽东科学地解决了在一个无产阶级人数很少、
农民和其他小资产阶级占人口大多数的国度里建设好
无产阶级政党的问题。毛泽东思想的党建理论，突出
强调从思想上建设党；注重以无产阶级思想改造和克
服各种非无产阶级思想；倡导理论联系实际、紧密联

系群众、批评与自我批评的作风；提出了"惩前毖后、治病救人"的党内斗争方针，提出了继续保持谦虚谨慎、戒骄戒躁、艰苦奋斗的作风，警惕资产阶级思想的侵蚀，反对官僚主义等一系列有深远意义的思想理论。

党的十一届三中全会以后，在社会主义现代化建设中，中国共产党又面对新情况，勇于探索、创新，以邓小平为杰出代表的共产党人创立了建设有中国特色的社会主义理论，使毛泽东思想产生了一个新飞跃，丰富和发展了科学社会主义。

 ## 科学社会主义同非马克思主义社会思潮的斗争

中国社会主义思想史上科学社会主义同各种非马克思主义思潮、反动社会思潮的斗争，集中体现在五四运动前后。这一方面，是十月革命给中国人以重大影响，许多有识之士决心选择科学社会主义道路；另一方面，仍然有些人执迷于社会改良道路；他们或者直接主张走西方走过的资本主义道路，或者主张以西方空想社会主义方案为奋斗目标，或者鼓吹社会民主主义。这些非科学社会主义、反科学社会主义的思潮，都打着拯救中华的旗帜，甚至也有用马克思主义词句把自己包装起来，借以影响当时的革命青年。而种种思潮中最为典型的是胡适派的改良主义，它公开地诋毁社会主义。了解这些斗争，有助于认识中华民族在社会形态新陈代谢的转折关头，在选择中国发展前途、命运中的复杂性、曲折性，认识科学社会主义是怎样战胜各种非科学社会主义、反科学社会主义思潮从而为历史所选定的。

科学社会主义同刘师复等人主张的无政府主义的斗争

发源于 19 世纪上半叶欧洲土地上的无政府主义思潮，20 世纪初经中国留日、留法学生的传播，传入我国，它同老庄的虚无、出世思想、儒家大同思想、墨家兼爱思想和农民的均平思想相杂糅，在当时中国社会有一定市场。刘师复在 1904 年留日期间，即开始接受无政府主义者的影响。1907 年又研读了刘师培、吴稚晖等人创办的《天义报》、《新世纪》所介绍的无政府主义思想，逐渐形成了他的无政府主义思想体系。1915 年刘师复病逝后，他的忠实信仰者和继承人黄凌霜、区声白等，广泛传播了这一思想体系，在资产阶级和小资产阶级知识分子中影响较大。1919 年 2 月，黄凌霜在《进化》杂志第 2 号上发表《批"新潮"杂志所谓今日世界之新潮》一文，攻击马克思主义，要人们信奉无政府主义。同年 5 月，又在《新青年》上发表《马克思主义学说的批评》一文，反对无产阶级专政理论和社会主义分配原则。

1920 年 9 月，陈独秀在《新青年》上发表《谈政治》一文，坚持无产阶级专政思想，批判无政府主义，而无政府主义者郑贤宗写信对陈文表示反对。接着，各地共产主义者也相继对无政府主义展开了批判。《共产党》月刊第1号到第5号，发表了李达的《社会革命的商榷》和《无政府主义的解剖》，无懈（周佛海）的《我们为什么主张共产主义和夺取政权》，C. T（施存统）的《我们要怎样干社会革命?》，揭露和批判无政府主义的反动本质。《新青年》第9卷第4号开辟了"讨论无政府主义"专栏，公布了陈独秀与无政府主义者区声白就无政府主义展开争论的若干封信件。李大钊也在《少年中国》上发表《自由与秩序》等文，批驳无政府主义。此间，部分留法学生蔡和森、向警予、李维汉、王若飞也参与了论争，蔡和森在给毛泽东的信中批判了无政府主义，毛泽东也表示了与蔡相同的看法。周恩来创办的《少年》月刊，同无政府主义者办的《工余》杂志，也在就阶级斗争和无产阶级专政问题展开了辩论。

这场论战持续一年多，围绕的基本问题主要有：

①要不要建立无产阶级专政的国家？无政府主义认为"国家强权"等于"罪恶"。"无政府党人以为国家的组织，从历史上观之，无非建立私权，保护少数特殊幸福的机关。现在教育、国教和保护领土种种大权，都在政府掌握中。若更举土地、矿山、铁道、银行、保险等等给了他，谁保国家的专制，不较现在还要利害"。"我们的首领，谁保他们不变了拿破仑袁世凯呢？"拥护马克思主义的一方认为，必须分清强权的性质，"我们共产主义者，主张推翻有产阶级的国家之后，一定要建设无产阶级的国家；否则，革命就

不能完成，共产主义就不能实现"。"我们的最终目的，也是没有国家的。……我们的目的，并不是要拿国家建树无产阶级的特权，是要拿国家来撤废一切阶级的"。

②有没有"绝对自由"？无政府主义者认为有国家就没有自由。"社会主义，不应当压制个人的自由。社会民主党的政府，又要设立什么工兵农兵，这不是压制个人的表征吗？""无政府主义的社会，是自由组织的，人人都可自由加入，自由退出，所以每逢办一件事，都要得人人同意"。拥护马克思主义的一方指出无政府主义者主张"绝对自由"是行不通的。"联合无论大小，都要有一部分人牺牲自己的意见，才能够维持得比较的长久一点；若常常固执个人或小团体的绝对自由，自由退出，自由加入，东挪西变，仍是一堆散沙"。

③要不要实行各尽所能，按劳分配的原则。无政府主义者站在小资产阶级的绝对平均主义的立场上看待"各尽所能，按劳分配"，认为这是不行的，它们主张各尽所能，按需分配。拥护马克思主义的一方指出：立即实行各尽所能，按需分配是不现实的。"非待世界的产业发达到极境的时候，才能办到譬如今日行了社会革命明日组织新社会，而新社会都是继承旧社会的生产力继续发展的，这生产力是有一定的限制的，生产力既有限制，生产物当然也有限制了，以这有限制的生产，听各人消费的自由得其平等，是绝对办不到的。……在生产力未发达的地方与生产力未发达的时

期内，若用这种分配制度，社会的经济的秩序就要弄糟了"。

科学社会主义同无政府主义的论战，是五四运动以后，思想界一场最大规模的斗争，具有重大意义。广大的小资产阶级知识分子，通过这场论争，较为具体地接受了马克思主义真理，认识到了无政府主义的谬误，从而有不少曾受过无政府主义影响的人，通过这场斗争和尔后的实践，转变成马克思主义者。这次斗争分清了马克思主义与无政府主义的是非界限，这对于建立起马克思主义的中国工人阶级政党，是有功绩的。这场论战也暴露出明显的不足之处，拥护马克思主义的一方没能牢牢抓住无政府主义就是改头换面了的个人主义这一深刻本质，也就是说论战还没有上升到世界观高度。陈独秀等人在强调革命权威的必要性时，又流露出藐视群众、轻视民主的英雄史观偏向，竟认为"一旦置身群众，便失去了理性"，"有史以来革命成功的，无一不是少数人压服了多数人！"此外，还有人将无政府主义者鼓吹的"无政府共产主义社会"，等同于科学社会主义所揭示的共产主义高级阶段。

科学社会主义同研究系的基尔特社会主义的斗争

基尔特社会主义又称行会社会主义，是一种社会改良主义学说，它的基本内容是主张工人组织起来，成立行会，实行企业自治和经济主义，实现生产者的完全自由；一旦行会发展到包括全体人民时，资本主义就可以和平地蜕化为社会主义，而无需进行阶级斗争和无产阶级革命。它的创始人之一是美国哲学家罗素。1920 年 10 月，罗素来中国讲学。罗素讲学期间，有研究系主要成员张东荪陪同。11 月 6 日，张东荪在《时事新报》上发表文章，题名为《由内地旅行而得之又一教训》，复述、发挥罗素的主张，公开向马克思主义宣战，说社会主义不是中国的出路，而开发实业即发展资本主义，才是真正出路。12 月，张东荪又在《改造》杂志上发表《现在与将来》一文，系统地阐述了他的反对社会主义主张。1921 年 2 月，研究系首脑梁启超也在《改造》杂志上发表了《复张东荪书论社会主义运动》，加以支持和发挥。张东荪、梁启超大谈了一通之后，得出结论说："最好是从容地彻底研究，不必急于确定"；"所以我们只能干文化教育与协社等事业，而于主义的详细内容则须研究后再确定"。

鉴于基尔特主义不允许马克思主义在中国传播，不允许工人阶级政党在中国成立，拥护马克思主义的一方在《新青年》等刊物发表了大量的文章加以批驳。这场论战持续的时间较长，1921 年 4 月李达发表《讨论社会主义并质梁任公》一文，比较系统地批判了张、梁等人的论调，初步总结了这场论争，直到中国共产党成立前夕，论战才以马克思主义的胜利告终。

这场论战主要围绕以下几方面展开：

①中国需要的是资本主义，还是社会主义。研究系的政客认为，发展实业，即资本主义不可避免，"中国的实业，不论中国自己开发与否，外国总是要求大开发而特开发的；不过外国势力一来，中国自己的企

业亦必乘势而蜂起"。拥护马克思主义的一方指出帝国主义列强决不允许中国发展资本主义，"若不幸真采取了资本主义，我国的实业愈发展，则人民愈沦于不幸的境遇中，举全国人为别民族的劳动奴隶"。他们认为中国发展方向只能是社会主义，"社会主义，是真正'开发实事'的方法，是真正'使一般人都过着人的生活'的方法"，尽管，中国同欧美"产业发达的先后不同，和发达的程度不同，而社会主义运动的根本原则，却无有不同，而且又不能独异的"。"今日在中国想发展实业，非由纯粹生产者组织政府，以铲除国内的掠夺阶级，抵抗此世界的资本主义，依社会主义的组织经营实业不可"。

②中国有没有走社会主义道路的条件？拯救中国是靠无产阶级和劳苦农民呢，还是靠资产阶级？

研究系政客歪曲近代中国社会的经济关系、社会性质、基本矛盾，无视中国无产阶级已经在政治上成熟的基本事实，说什么"无知病"、"贫乏病"、"兵匪病"、"外力病"乃中国主要问题，说中国"未自觉的劳动者，人数又少，直不能有何势力"。梁启超则根本否认中国有无产阶级。因此，他们认为"真的劳农主义决不会发生，而伪的劳农革命恐怕难免。至于伪劳农革命发生，不消说不能福民而必定是害民"。他们的底蕴是，创造一个"绅商阶级"，"开发实业"，实行一切改良措施，富强中国。

拥护马克思主义的一方认为工人阶级在中国的存在并成熟，中国劳苦农民有革命性，是一基本事实。

三　科学社会主义与中国革命实践的结合

"中国田主佃户两阶级的分立是固有的，现在受了产业革命的影响，又形成了资本劳动两阶级"。"中国无产阶级所受的悲惨，比欧美日本的无产阶级所受的更甚"。"民众的势力，是现代社会上一切构造的惟一的基础"。

③解决中国社会问题，靠革命还是靠改良？

张东荪认为："我以为有两条路：第一条是现在即宣传社会主义，劳农主义，并进一步组织团体；第二是在静待中择几个基础事来做，从第一而说，我们是在创造伪劳农革命。"他所谓几件基础事，即"普通的文化事业"、"广大的教育事业"、"切实的研究"和"协社的实行"。梁启超认为，应当通过"政府的立法"和"社会的监督"，"奖诱警告资本家，唤起其觉悟，使常顾及劳动者之利益，以缓和劳资两级之距离"；"设法使生产事业，不必专倚赖资本家之手，徐图蜕变为社会公共事业"。

拥护马克思主义的一方认为，"议会制度本是资产阶级专为供给及监督他们的政府的财政而设立的，要拿他来帮助劳动者，来废除资本私有制度，岂不是与虎谋皮吗？"他们主张"劳农主义"，所谓劳农主义，就是"联合大多数的无产阶级，增加作战的势力，为突发的猛烈的普遍的群众运动，夺取国家的权力，使无产阶级跑上支配阶级的地位，就用政治的优越权，从资本阶级夺取一切资本，把一切生产工具集中到无产阶级的国家手里，用大速度增加全部生产力"。他们说："在革命的时期，为镇压反动者的死灰复燃，为使新制度新思想的基础巩固，不能不经过一个无产者专政的时期。在此期间，以无产阶级的权力代替中产阶级的权力，以劳工阶级的统治代替中产阶级的少数政治。"在当时，毛泽东也参加了这场论战，他针对罗素的长沙演说指出："要资本家相信共产主义是不可能的事"，"历史上凡是专制主义者，或帝国主义者，或军团主义者，非等到人家来推倒，决没有自己肯收场的"。

这场论战抓住了中国人民最关注的中国革命的前途问题。拥护马克思主义的一方，坚持要走社会主义道路，要实行无产阶级革命和无产阶级专政，反对走资本主义道路，反对改良主义。从而为科学社会主义的进一步传播创造了条件，也促进了中国共产党的建立。但是，由于没有做到把一般原理同中国具体问题结合起来，使论战限于一般理论层次，并且有混淆民主革命与社会主义革命的倾向，有立即实行社会主义这样的意识。

科学社会主义同胡适派的"问题"与"主义"之论战

这场论战在时序上先于上两次，但它与上两次不一样。胡适是崇尚资产阶级改良主义的，他公开反对马克思主义，并不打"社会主义"旗号。胡适推行的是实验主义。实验主义在19世纪末20世纪初流行于英美。它认为科学理论价值不是由反映客观世界和现实生活的正确程度决定的，完全是由理论在不同场所

图 21　胡适像

胡适（1891~1962），安徽绩溪人，现代
著名学者、诗人、历史家、文学家、哲学家。
"五四"时期，因提倡文学革命而成为新文化
运动的领袖之一。

提供的效用和利益决定的。它否认有客观真理。1919
年 7 月，胡适在《每周评论》上发表《政治导言——
多研究些问题，少谈些主义》一文，借反对"谈读主
义"之名，行反对传播马克思主义之实。他说："空谈
好听的'主义'，是极容易的事，是阿猫阿狗都能做的
事，是鹦鹉和留声机器都能做的事。""请你们多提出
一些问题，少谈一些纸上的主义。""多多注意这个问
题如何解决，那个问题如何解决，不要高谈这种主义

如何新奇，那种主义如何奥妙。"胡适要把人们导向谈什么呢？显然是要谈他在《新青年》第6卷第4号上发表的《实验主义》一文的精神实质，去抵制磅礴而来的马克思主义思潮。

1919年8月19日，李大钊发表了《再论问题与主义》一文，强调必须以马克思主义作为观察国家命运的指导思想，并坚持用革命的手段根本解决中国的问题。李大钊指出："'问题'与'主义'，有不能十分分离的关系。因为一个社会问题的解决，必须靠着社会上多数人共同的运动"，"应该使社会上可以共同解决这个那个社会问题的多数人，先有一个共同趋向的理想、主义"，"不然，你尽管研究你的社会问题，社会上多数人，却一点不生关系，那个社会问题，是仍然永远没有解决的希望；那个社会问题的研究，也仍然是不能影响于实际"。李大钊还驳斥了胡适以容易被政客利用为由头反对宣传主义的论调，指出："因为有了假冒牌号的人，我们愈发应该一面宣传我们的主义，一面就种种问题研究实用的方法，好去本着主义作实际的运动。"最后，他驳斥了所谓"一点一滴地改良"的主张，认为在一个"没有组织没有生机的社会，一切机能，都已闭止"，"恐怕必须有一个根本解决，才有把一个一个的具体问题都解决了的希望"。而"经济问题的解决，是根本的解决"，"经济组织没有改造以前，一切问题，丝毫不能解决"。

紧接着，胡适对李大钊回敬以《三论问题与主义》、《四论问题与主义》，攻击马克思主义的阶级斗争学说"太偏向申明'阶级的自觉心',一方面,无形之中养成了一种阶级的仇视心,不但使劳动者认定资本家为不能并立的仇敌,并且使许多资本家也觉劳动者真是一种敌人。这种仇视心的结果,使社会上本应该互助而且可以互助的两种大势力,成为两座对垒的敌营,使许多建设的救济方法成为不可能,使历史上演出许多不该有的惨剧"。胡适还发表《新思潮的意义》一文,会图把新思潮限定在"研究问题,输入学理,整理国故,再造文明",仍要点滴改良。

1920年元旦,李大钊在《新青年》发表了《由经济上解释中国近代思想变动的原因》,运用唯物史观,说明了新文化运动发生的原因,他们的观点同胡适的"新思潮的意义"尖锐对立。

这场论战,实质是:中国究竟用什么思想指导的问题,是马克思主义呢,还是实验主义;中国问题的解决通行什么方法,是社会革命呢,还是点滴改良。这场论战,使越来越多的人认识到依靠马克思主义,走社会革命道路才是解决中国问题的出路。但是,论战还只是集中在驳斥用"问题"反对"主义"这一点上,没有上升到"主义"与"问题"结合的层次来探讨一般理论指导与具体分析中国问题的关系。这是由当时的历史条件和认识水平限定的。

这期间,还存在过"新村主义"、"工读互助主义"、社会民主主义,它们中有的甚至发生过极大的影响。但是,却不曾发生过科学社会主义同它们之间的大规模论战,迅猛的科学社会主义运动的潮流,很快地就把它们荡涤了。

　　"沉舟侧畔千帆过，病树前头万木春"。历史上科学社会主义对各种非科学社会主义思潮、反对思潮的斗争取得了辉煌胜利。中国近现代史的发展进程已充分表明走科学社会主义的道路，是中国走向振兴繁荣昌盛的唯一正确的选择！

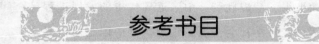

参考书目

1. 丁守和、殷叙彝著《从五四启蒙运动到马克思主义的传播》，三联书店，1963。

2. 王兰垣等主编《中国社会主义思想史》，天津人民出版社，1981。

3. 李新等主编《中国新民主主义革命时期通史》，人民出版社，1981。

4. 张磊著《孙中山思想研究》，中华书局，1981。

5. 林代昭、潘国华编《马克思主义在中国》，清华大学出版社，1983。

6. 姜义华编《社会主义学说在中国的初期传播》，复旦大学出版社，1984。

7. 戴清亮等著《社会主义学说史》，人民出版社，1987。

8. 彭明主编《从空想到科学》，中国人民大学出版社，1991。

9. 皮明庥著《近代中国社会主义思潮觅踪》，吉林文史出版社，1991。

10. 陈旭麓著《近代中国社会的新陈代谢》，上海人民出版社，1992。

再版后记

　　《社会主义思潮史话》由张武研究员、喻承久教授和我三人合著，成书于1999年，作为"百年中国史话"丛书中的一种，于2000年由社会科学文献出版社出版。我们三人在各自的教学科研岗位上把它作为研究生"中国近现代思想文化史"、"马克思主义中国化"课程的教学参考书，沿用多年，很受学生欢迎。对此，我们感到很欣慰。传播知识，嘉惠后人，这是对我们自己劳动的一种肯定。"文以载道"、"以文化人"，此之谓也。

　　这本书的出版至今不觉已相去整整10年，如今重温当初，真有"遥想当年"之感。十年来，我们依然在学习、思考、探索。"学而后知不足"，联系自己教学、科研的实际，再经常翻检这本小书，觉得还有一些不足。正好出版社拟修订再版这套丛书，并约请我抽空校订、修正本书中的一些错讹，我欣然允命。在紧张的工作之余，经历了2010年整整一个冬天，对全书10万字仔细阅读、推敲，并做了以下工作：

　　一是接受历届研究生同学的建议，对书中涉及的重大事件、人物、书刊等作有形化补充。此次，在我指导的博士研究生肖子良同志的协助下，补充了 20 多幅图片，并进行了简要的文字说明，力求使本书更加图文并茂，通俗易懂；二是对原来的讹误文字进行校订，对晦涩文字进行改写，对不准确的说法予以订正，使文字表述更加畅达周正；三是对原书中引证的经典论述进行核对，并补上了引文出处，使读者阅读更加方便。

尽管如此，本书可能还会存在一些疏漏，甚至错谬，恳请读者继续批评指正！

再次感谢"中国史话"丛书的组织者；感谢社会科学文献出版社，尤其是本书责任编辑的指导和催促；感谢读者的鼓励。我们将继续配合读者和出版者，不求领异标新，但求删繁就简，使这项文化普及工作做得更好。

张艳国

2011 年 3 月 7 日于南昌瑶湖畔

《中国史话》总目录

系列名	序号	书名	作者
物质文明系列（10种）	1	农业科技史话	李根蟠
	2	水利史话	郭松义
	3	蚕桑丝绸史话	刘克祥
	4	棉麻纺织史话	刘克祥
	5	火器史话	王育成
	6	造纸史话	张大伟　曹江红
	7	印刷史话	罗仲辉
	8	矿冶史话	唐际根
	9	医学史话	朱建平　黄　健
	10	计量史话	关增建
物化历史系列（28种）	11	长江史话	卫家雄　华林甫
	12	黄河史话	辛德勇
	13	运河史话	付崇兰
	14	长城史话	叶小燕
	15	城市史话	付崇兰
	16	七大古都史话	李遇春　陈良伟
	17	民居建筑史话	白云翔
	18	宫殿建筑史话	杨鸿勋
	19	故宫史话	姜舜源
	20	园林史话	杨鸿勋
	21	圆明园史话	吴伯娅
	22	石窟寺史话	常　青
	23	古塔史话	刘祚臣
	24	寺观史话	陈可畏

系列名	序号	书　名	作　者	
物化历史系列（28种）	25	陵寝史话	刘庆柱	李毓芳
	26	敦煌史话	杨宝玉	
	27	孔庙史话	曲英杰	
	28	甲骨文史话	张利军	
	29	金文史话	杜　勇	周宝宏
	30	石器史话	李宗山	
	31	石刻史话	赵　超	
	32	古玉史话	卢兆荫	
	33	青铜器史话	曹淑芹	殷玮璋
	34	简牍史话	王子今	赵宠亮
	35	陶瓷史话	谢端琚	马文宽
	36	玻璃器史话	安家瑶	
	37	家具史话	李宗山	
	38	文房四宝史话	李雪梅	安久亮
制度、名物与史事沿革系列（20种）	39	中国早期国家史话	王　和	
	40	中华民族史话	陈琳国	陈　群
	41	官制史话	谢保成	
	42	宰相史话	刘晖春	
	43	监察史话	王　正	
	44	科举史话	李尚英	
	45	状元史话	宋元强	
	46	学校史话	樊克政	
	47	书院史话	樊克政	
	48	赋役制度史话	徐东升	

系列名	序号	书 名	作 者		
制度、名物与史事沿革系列（20种）	49	军制史话	刘昭祥　王晓卫		
	50	兵器史话	杨　毅　杨　泓		
	51	名战史话	黄朴民		
	52	屯田史话	张印栋		
	53	商业史话	吴　慧		
	54	货币史话	刘精诚　李祖德		
	55	宫廷政治史话	任士英		
	56	变法史话	王子今		
	57	和亲史话	宋　超		
	58	海疆开发史话	安　京		
交通与交流系列（13种）	59	丝绸之路史话	孟凡人		
	60	海上丝路史话	杜　瑜		
	61	漕运史话	江太新　苏金玉		
	62	驿道史话	王子今		
	63	旅行史话	黄石林		
	64	航海史话	王　杰　李宝民　王　莉		
	65	交通工具史话	郑若葵		
	66	中西交流史话	张国刚		
	67	满汉文化交流史话	定宜庄		
	68	汉藏文化交流史话	刘　忠		
	69	蒙藏文化交流史话	丁守璞　杨恩洪		
	70	中日文化交流史话	冯佐哲		
	71	中国阿拉伯文化交流史话	宋　岘		

系列名	序号	书 名	作 者
思想学术系列（21种）	72	文明起源史话	杜金鹏　焦天龙
	73	汉字史话	郭小武
	74	天文学史话	冯　时
	75	地理学史话	杜　瑜
	76	儒家史话	孙开泰
	77	法家史话	孙开泰
	78	兵家史话	王晓卫
	79	玄学史话	张齐明
	80	道教史话	王　卡
	81	佛教史话	魏道儒
	82	中国基督教史话	王美秀
	83	民间信仰史话	侯　杰
	84	训诂学史话	周信炎
	85	帛书史话	陈松长
	86	四书五经史话	黄鸿春
	87	史学史话	谢保成
	88	哲学史话	谷　方
	89	方志史话	卫家雄
	90	考古学史话	朱乃诚
	91	物理学史话	王　冰
	92	地图史话	朱玲玲

系列名	序号	书名	作者
文学艺术系列（8种）	93	书法史话	朱守道
	94	绘画史话	李福顺
	95	诗歌史话	陶文鹏
	96	散文史话	郑永晓
	97	音韵史话	张惠英
	98	戏曲史话	王卫民
	99	小说史话	周中明　吴家荣
	100	杂技史话	崔乐泉
社会风俗系列（13种）	101	宗族史话	冯尔康　阎爱民
	102	家庭史话	张国刚
	103	婚姻史话	张　涛　项永琴
	104	礼俗史话	王贵民
	105	节俗史话	韩养民　郭兴文
	106	饮食史话	王仁湘
	107	饮茶史话	王仁湘　杨焕新
	108	饮酒史话	袁立泽
	109	服饰史话	赵连赏
	110	体育史话	崔乐泉
	111	养生史话	罗时铭
	112	收藏史话	李雪梅
	113	丧葬史话	张捷夫

系列名	序 号	书 名	作 者
近代政治史系列（28种）	114	鸦片战争史话	朱谐汉
	115	太平天国史话	张远鹏
	116	洋务运动史话	丁贤俊
	117	甲午战争史话	寇 伟
	118	戊戌维新运动史话	刘悦斌
	119	义和团史话	卞修跃
	120	辛亥革命史话	张海鹏　邓红洲
	121	五四运动史话	常丕军
	122	北洋政府史话	潘 荣　魏又行
	123	国民政府史话	郑则民
	124	十年内战史话	贾 维
	125	中华苏维埃史话	杨丽琼　刘 强
	126	西安事变史话	李义彬
	127	抗日战争史话	荣维木
	128	陕甘宁边区政府史话	刘东社　刘全娥
	129	解放战争史话	朱宗震　汪朝光
	130	革命根据地史话	马洪武　王明生
	131	中国人民解放军史话	荣维木
	132	宪政史话	徐辉琪　付建成
	133	工人运动史话	唐玉良　高爱娣
	134	农民运动史话	方之光　龚 云
	135	青年运动史话	郭贵儒
	136	妇女运动史话	刘 红　刘光永
	137	土地改革史话	董志凯　陈廷煊
	138	买办史话	潘君祥　顾柏荣
	139	四大家族史话	江绍贞
	140	汪伪政权史话	闻少华
	141	伪满洲国史话	齐福霖

系列名	序号	书名	作者
近代经济生活系列（17种）	142	人口史话	姜 涛
	143	禁烟史话	王宏斌
	144	海关史话	陈霞飞　蔡渭洲
	145	铁路史话	龚 云
	146	矿业史话	纪 辛
	147	航运史话	张后铨
	148	邮政史话	修晓波
	149	金融史话	陈争平
	150	通货膨胀史话	郑起东
	151	外债史话	陈争平
	152	商会史话	虞和平
	153	农业改进史话	章 楷
	154	民族工业发展史话	徐建生
	155	灾荒史话	刘仰东　夏明方
	156	流民史话	池子华
	157	秘密社会史话	刘才赋
	158	旗人史话	刘小萌
近代中外关系系列（13种）	159	西洋器物传入中国史话	隋元芬
	160	中外不平等条约史话	李育民
	161	开埠史话	杜 语
	162	教案史话	夏春涛
	163	中英关系史话	孙 庆

系列名	序号	书　名	作　者
近代中外关系系列（13种）	164	中法关系史话	葛夫平
	165	中德关系史话	杜继东
	166	中日关系史话	王建朗
	167	中美关系史话	陶文钊
	168	中俄关系史话	薛衔天
	169	中苏关系史话	黄纪莲
	170	华侨史话	陈　民　任贵祥
	171	华工史话	董丛林
近代精神文化系列（18种）	172	政治思想史话	朱志敏
	173	伦理道德史话	马　勇
	174	启蒙思潮史话	彭平一
	175	三民主义史话	贺　渊
	176	社会主义思潮史话	张　武　张艳国　喻承久
	177	无政府主义思潮史话	汤庭芬
	178	教育史话	朱从兵
	179	大学史话	金以林
	180	留学史话	刘志强　张学继
	181	法制史话	李　力
	182	报刊史话	李仲明
	183	出版史话	刘俐娜
	184	科学技术史话	姜　超

系列名	序号	书名	作者
近代精神文化系列（18种）	185	翻译史话	王晓丹
	186	美术史话	龚产兴
	187	音乐史话	梁茂春
	188	电影史话	孙立峰
	189	话剧史话	梁淑安
近代区域文化系列（十一种）	190	北京史话	果鸿孝
	191	上海史话	马学强　宋钻友
	192	天津史话	罗澍伟
	193	广州史话	张　苹　张　磊
	194	武汉史话	皮明庥　郑自来
	195	重庆史话	隗瀛涛　沈松平
	196	新疆史话	王建民
	197	西藏史话	徐志民
	198	香港史话	刘蜀永
	199	澳门史话	邓开颂　陆晓敏　杨仁飞
	200	台湾史话	程朝云

《中国史话》主要编辑
出版发行人

总　策　划　谢寿光　王　正

执行策划　杨　群　徐思彦　宋月华

　　　　　　梁艳玲　刘晖春　张国春

统　　　筹　黄　丹　宋淑洁

设计总监　孙元明

市场推广　蔡继辉　刘德顺　李丽丽

责任印制　岳　阳